ベストを
つくす
教育実習

筒井美紀・
遠藤 野ゆり 編

強みを活かし実力を伸ばす

有斐閣

まえがき──本書の7つの特長と活用方法

　教育実習──それは，教育職員免許取得をめざす学生のみなさん全員に共通する，最大の山場といっても過言ではありません。ただ，そこに到達すべく辿っていく道筋そして歩き方は，ある部分は共有でき，ある部分は一人ひとり違います。本書は，こうした共通する部分と相違する部分の両方をふまえて，みなさんが教育実習でベストをつくすためには，どのような心構え・準備が必要か，準備のコツは何かをお伝えします。そのため，本書は以下7つの特長をもっています。

①所属する大学・学部の強み／弱みをふまえたアドバイス

　教育実習という山場の迎え方は，みなさんが教員養成大学・学部に在籍しているか，それとも，（たとえば）文学や工学といった専門分野を学ぶ一般大学・学部に在籍しているかによって，だいぶ変わります。

　教員養成大学・学部の学生は，入学年次から教育諸科学（たとえば教育心理学や学校経営学）の授業が専門科目としてあり，教え方を学ぶ授業や学校訪問・授業見学が下級年次にも配置され，教育実習も3年次と4年次で2回実施されるなど，「先生になる」ことに焦点を当てたカリキュラムが組織されています。

　これに対して文学や工学といった専門分野を学ぶ学部の学生は，それぞれの学問の専門性が身につくように意図されたカリキュラムのもとに学びます。その学びは，たとえば哲学科なら「1795年に著されたカント『恒久平和のために』の現代的意義は何か」といった具合です。こうした専門性の学びにエネルギーを注ぐ分，授業での教え方の練習といった，より実践的な授業は，3年生になって初めて配当されたり，あるいは，教育実習直前の1日から数日程度の

i

講習会のみだったりします。

　教員養成大学・学部と一般大学・学部，それぞれに強み／弱みがあります。強みは弱みに転じ，弱みは強みに転じます。教員養成大学・学部の学生なら，「実習で倫理の授業をやることになった。学習指導案はきちんと書けるし，高校生とのコミュニケーションにも慣れているけれど，なんだか内容が薄い気がする。哲学科の学生みたいに深く説明できる自信がない……」。文学部哲学科の学生なら，「平和の実現方法について哲学者たちのあいだに意見の対立があって，おもしろいけど難しい。どうしたら高校2年生にわかりやすく伝えられるのかなあ？」。

　本書は，一般大学・学部の学生，あるいは教員養成大学・学部の学生が抱くこうした悩み・不安に対して，「こんなふうに準備をしておけば大丈夫だよ」と，ズバリお答えします（とくに第4〜8章）。

② 3段階のレベル設定──ホップ→ステップ→ジャンプ

　「こんなふうに準備をしておけば大丈夫だよ」とは，どんなふうに，でしょう。それは，自分のレベルを見極めて，いまは何をクリアすべきか，それができたら次の達成課題は何かということを，明確にとらえて一歩一歩進んでいくことです。これは，どの学部に在籍していようとも共通です。

　本書は，いたるところで3段階のレベルを設定し，やるべきことを説明しています。たとえば第5〜6章を読むと，「自分は，『レベル1：教科書の知識をなぞって並べた学習指導案』だな。なるほど，こういうところが足りなかったんだ」「自分は『レベル3：知識のもう一歩奥で発見をさせる学習指導案』を書こうとしているんだけど，まだ充分にコツがつかめていない段階だな」といった気づきがあるでしょう。

　また本書は，昨今の世界的潮流として学校現場に求められているアクティブ・ラーニングの実践についても，レベルを3段階に分けて説明しています（第8章）。

③ ICT機器をフル活用──自分の映像見て授業方法を直せ

　近年，ICT（information and communication technology）機器を活用した授業，

ということが強調されています。たとえば，地理の時間に Google Earth を使ってバーチャル旅行を体験する，理科の時間にガスバーナーの点火方法を映像で教授する，英語の時間に錦織選手の英語スピーチを見せ，セリフの一部を空欄にしたパワーポイントを提示して考えさせる……などなど。授業者がコントロールできる，動きのある視聴覚教材は，上手に使うことができれば，生徒たちの興味関心を喚起し，それを持続させるでしょう。

しかし，ICT 機器が効果を発揮するのは，みなさんが展開する（であろう）授業だけに限りません。みなさん自身の授業を録画し，あとで再生しながらふり返るのも，大変効果的な腕の磨き方です。「私の声，小さいしメリハリがなくて聴き取りにくい」「あれ，僕の机間巡視，同じ列ばっかり歩いているし，後ろの生徒までは充分とどいていない」「廊下側の一番前の生徒との質疑応答にかかりっきりになっていて，窓側の後ろの二人がおもしろそうなことを言っているのに全然気がつかなかった！」といった発見がたくさんあるでしょう。「人の振り見て我が振り直せ」ならぬ「自分の映像見て我が振り直せ」です。

本書の第 7 章では，授業における ICT 機器活用のポイントに加えて，自分の授業力を向上させるために，どんなふうにして映像をふり返れば効果的かを説明します。

④大学生の「常識」は大人の世界では非常識——まずはその認識から

みなさんは小中高大と，すでに十年以上も教育機関とつき合って過ごしてきたので（不登校などの期間も含みます），「学校というのはこんなところ」「先生というのはこんな感じ」と理解していると思っているでしょう。でもそれは，生徒・学生として見えた世界でしかありません。学校・大学という組織を円滑に機能させていくために，みなさんの知らないところで，さまざまな立場の大人たちが，教育職員免許法や学校組織・大学組織の制度・ルールに基づき，協力し合って骨折り仕事をこなしています（第 1 章）。

つまり大人たちは，人様にムダな労力をかけさせない・人様を待たせない・気を揉ませないための配慮を払い続けています。みなさんは，大学教員のみならず，教職課程の事務職員の方々，実習先の先生方に対して，こうした配慮をしていますか。背後にある法律や制度やルールがどんなものかを想像しながら，

まえがき

提出物や連絡などの締め切りを厳守して対応していますか。これらの大前提となる規則正しい生活ができていますか。

「一日くらいなら提出が遅れても大丈夫だろう」。相手が友だちならいいかもしれませんが，大人の世界では許されません。提出を待つあいだ，事務職員の仕事は完成せず，まとめた書類を提出する先の人に謝らなくてはなりません。教職課程，教育実習というものは，一つの大きな法律・制度・ルールの下で動いているのです。このことを肝に銘じて，大人としてふるまってください。

そのためには，心構えだけではなく，生活力・段取り力・計画性の有無が問われます。第2章は，教育実習に行くのに（＝社会人として）ふさわしい生活力があるかどうかについても，3段階のレベルを設定しています（「それでは教育実習に行く資格はない！」という「レベル0」を入れれば4段階ですが）。自分はどうなのか，チェックしてください。

⑤教育実習評価規準の厳しさを知る──そうすれば訓練法がわかる

教育実習に行くのに（＝社会人として）ふさわしい生活力。学習指導案を作成し授業を実践する力。これら2つが，しかるべきレベルに達していることが，教育実習に行くまでに求められますし，実習先では，これらをさらに伸ばせるかを問われます。「問われる」とは，より正確にいえば，「評価される」ということです。教育職員免許法に則った教育行政のもとで，各実習校は，教育実習生を日々，細かく評価して成績をつけます。

第3章は，教育実習の評価規準・評価項目はどのようなものか，それにもとづき，指導教員と実習生とのあいだには，どのような指導のやり取りがなされ評価されるのかを，具体的に見ていきます。本章を読めば，なぜ・どのように，教育実習に行くのに（＝社会人として）ふさわしい生活力と，学習指導案を作成し授業を実践する力とが不可欠なのか，理解がぐっと深まるでしょう。

⑥自分の認知タイプを理解する──そうすれば対処できる

教育実習の力量を一歩一歩向上させていくコツは何でしょうか。この点に関して，自分が生まれつきもっている「認知のタイプ」をふまえてアドバイスしていることも，類書にはない，本書の特長です（第2章）。

「認知のタイプ」とは，たとえば「刺激に対する反応が早すぎるタイプ」「先のことを想像することが苦手なタイプ」「筆跡がどうしようもなく下手なタイプ」などです。早いとか下手といっても，自分にとっては自然なので，心当たりや自覚がないかもしれません。ですから第2章は，まずは「自分はそうだ（そうかも）」と気づくきっかけを提示します。

ただ，そうした心当たりや自覚があったとしても，生まれつきの傾向なので，変えていくことは必ずしも容易ではありません。そこで続いて，効果的なタイプ別の対処方法やトレーニング方法を紹介します。

⑦理想と異なる現実に立腹しない──教師としてのキャリア形成を視野に入れて実力を磨く

教壇に初めて立ってみると，「対話式の授業をやっていたら範囲が終わらない」「指導教員が暗記型・知識注入型授業をする先生で，せっかく作ったアクティブ・ラーニング型の学習指導案を全否定された」といったことを経験するでしょう。すると「大学で学んだことって，なんか，すごい『理想』なんじゃない？」と疑問を感じる人は少なくないのではないでしょうか。

「理想」とは何でしょう。理想とは，そこから現実がどれくらい離れているのかを見極める規準であり，現実をよりよく理解する手だてです。「本当は○○ができると理想なんだけど，現実はその50％くらいかな」といったとらえ方ができれば，ではどうすればあるべき方向へと改善していけるかがわかります。現実を照らし出す規準がなければ，その場その場をしのいで終わりです。あるべき方向を見失わず，柔軟に現実に合わせた授業をしていくという点で，理想は大いに役立つのです。

柔軟性のない教育実習生は，自分を守ろうとするあまり理想だけにかじりついてしまうので，組織として動いている学校では組織の論理が優先されること，他者である生徒は教師の思いどおりにはならないことを，なかなか理解できません。さまざまなことを「自分大事」に考えたり，自分の経験を当てはめてわかった気になったりして，ふるまってしまいます。

では，どうすればよいのでしょうか。第9章は，教師としての長いキャリアを築いていくことを視野に入れ，教育学や社会学の理論も援用しながら，説

まえがき

明していきます。また第9章は，ハラスメント問題についても，その重要性に鑑みて，相当の紙幅を割いています。

　以上，本書の7つの特長について，主にどの章で述べられているかにふれながら説明しました。本書は，どの章からでも読んでいけます。いま一番気になっているところから始めてもよいですし，第1章から順に進んでいくのもよいでしょう。本書を熟読し，良い試行錯誤を繰り返し，教育実習でベストをつくしてください。

　　2017年7月

編者を代表して

筒井美紀

著者紹介

〈 〉内は担当章。

筒井 美紀（つつい みき）　　　　　　　　　　　　　　　　〈第 3・4・5・6 章〉
法政大学キャリアデザイン学部教授
東京大学大学院教育学研究科博士課程単位取得退学，博士（教育学）。
主要著作:『教育を原理する──自己にたち返る学び』（共著）法政大学出版局，2013
年。『殻を突き破るキャリアデザイン──就活・将来の思い込みを解いて自由に生
きる』有斐閣，2016 年。

遠藤 野ゆり（えんどう のゆり）　　　　　　　　　　　　　　〈第 2・7・8 章〉
法政大学キャリアデザイン学部准教授
東京大学大学院教育学研究科博士課程修了。博士（教育学）。
主要著作:『虐待された子どもたちの自立──現象学からみた思春期の意識』東京大
学出版会，2009 年。『あたりまえを疑え！──臨床教育学入門』（共著）新曜社，
2014 年。

寺崎 里水（てらさき さとみ）　　　　　　　　　　　　　　　　　　〈第 9 章〉
法政大学キャリアデザイン学部准教授
お茶の水女子大学大学院人間文化研究科博士課程中退。
主要著作:『大学生になるってどういうこと？──学習・生活・キャリア形成』（共
著）大月書店，2014 年。『教職概論──先生になるということとその学び〔改訂
版〕』（共著）協同出版，2017 年。

佐藤 仁（さとう ひとし）　　　　　　　　　　　　　　　　　　　　〈第 1 章〉
福岡大学人文学部准教授
広島大学大学院教育学研究科博士後期課程修了，博士（教育学）。
主要著作:『現代米国における教員養成評価制度の研究──アクレディテーションの
展開過程』多賀出版，2012 年。『教職概論──先生になるということとその学び
〔改訂版〕』（共著）協同出版，2017 年。

まえがき──本書の7つの特長と活用方法 i

第 I 部　教育実習に臨むための準備

第1章　教育実習の制度的側面 ────────────────── 3
──法律・大学・学校の論理

1　教育実習で期待される学び　3

相当免許状主義──免許の意味を確認しよう　4　　大学における教員養成と開放制──一般大学・学部における教職課程の意味とは？　5　　教育実習の目的とは？　6　　教職への適性や進路を考える　7　　教科指導を中心とした実践的指導力を伸ばす　8

2　教育実習生を送り出す大学の論理　9

大学の責任──「公害」とならない，ふさわしい学生を判断する　9　　教育実習の履修要件の意味──教育実習生として送り出すのにふさわしい学生像　11　計画的な履修ができていること　12　　教科教育法の履修が意味すること　13　社会人としての常識的姿勢をみる──ガイダンスへの出席　14

3　教育実習生を受け入れる学校の論理　14

教育実習生の受け入れ手続き──教育委員会の思い　15　　教育実習生の受け入れ方針──地元出身者，地元教員採用試験受験予定者を受け入れる意味　17就職活動と教育実習の両立？──今後の動き　18

第2章　教師の資質とは何か ────────────────── 21
──教育実習に行くまでのトレーニング

1　教育実習生の一日と実習先教員の生活　21

実習生の一日　21　　時間に関するルールや指示　23　　学校の先生の一日　24実習生の指導はいつできるか　25

2　先生らしくふるまうべきこと　26

「先生」と呼ばれること　26　　教育実習に行く前にできなくてはならないこと　27　　事前のトレーニングが不可欠　28

3　ケースに学ぼう──大学生のNG行動　30

就活との同時並行はNG　30　　「バックレる」大学生　31　　夢をかなえたいから　32　　大学生の常識は大人の非常識？　33　　マナー編　34　　手続き編　35

viii

4 教育実習に行く前に必要な2種類の自己分析　37

　　　自分の現在のレベル　37　　　自分の認知のタイプ　38　　　注意が散漫になりやす
　　　いタイプ　39　　　衝動的なタイプ　39　　　先のことを想像することが苦手なタイ
　　　プ　40　　　言葉を文字どおり受け止めてしまうタイプ　40　　　情報の処理や記憶
　　　が苦手なタイプ　40　　　読みにくい字しか書けないタイプ　41

5 はつらつとした人になる──まとめにかえて　42

第3章　「教職専門性」の基礎を問われる実習生　43
──プロは厳しく評価する

1 指導教員はどこを見ているか　43

　　　Fさんの実習日誌へのG先生の書き込み　43　　　教職専門性が必要だ　48

2 教育実習生を評価する制度的枠組み　49

　　　教育実習成績報告書　49　　　教育実習生の評価方法──教育委員会の指導・助言
　　　のもとに　50

3 統計データから見る実習生の弱点　52

　　　実習生の弱点をデータで確認　52　　　評価の分布──総合評価は個別項目評価よ
　　　り「甘口」　54　　　「教科指導の技術」を左右するもの──「教材研究」と「事務
　　　能力」　56

4 本章のまとめ──甘い気持ちでは歯が立たない　57

> # 第 II 部　学習指導案の作成と授業展開の技術

第4章　学習指導案の基本　61
──「ボタンの掛け違い」に気づく

1 学習指導案の構成と作成のポイント　61

　　　学習指導案の4パーツ　61　　　単元計画　61　　　毎時の授業展開　64　　　セリフ
　　　バージョン　65　　　板書内容や配布プリント　66　　　まとめ──郷に入っては郷
　　　に従え　66

2 学習指導案を書くときの7つの勘違い　67

　　　ウォーミングアップ──「良い試行錯誤」のために　67　　　学習指導案は他者に
　　　読んでいただくものでもある──エゴセントリックに書かない　68　　　指導案は
　　　一筆書きでは書けない──それは作詞作曲に似ている　72　　　「主体的参加」「興
　　　味の喚起」「理解の促進」──抽象概念でごまかさない　72　　　資料を活用すれ

目　次　　ix

ば良いわけではない——読ませ考えさせる時間が要る　73　　教師の発問——な
んのため？　74　　生徒は「想定内」で返してこない——「想定外」を想像しよ
う　7　　　　　　　　　　　　　　　　　　　　　　　　　　　　　　　　5
知識のもう一歩奥で何を発見させたいの？——揺さぶる授業が教養を育む　76

3　「ダメ指導案」にツッコミを入れてみよう　78

模範的指導案を眺めていても……　78　　さあ，学習指導案を作ってみよう　78

第5章　学習指導案の3段階目標 ———————————— 79
——自分の実力に合わせて

1　レベル1：教科書の知識をなぞって並べた指導案　79

時間どおりに終わりそうである　80　　発問の内容と意図とが明確である　81
生徒の作業・動作が明確である　82

2　レベル2：知識を飲み込みやすく整理した指導案　83

生徒との対話のなかで授業が進められる　83　　生徒の興味をググッと引き寄せ
る工夫がある　87

3　レベル3：知識のもう一歩奥で発見をさせる指導案　88

生徒の思考を適切に流れさせている　88　　「ここを頭に残してほしい」という
メッセージがある　89

第6章　学習指導案のレベル・アップ ———————————— 93
——ちょっとしたコツを見逃さない

1　知識のもう一歩奥で発見をさせる工夫　93

セリフバージョン　95　　展開Ⅰ：元寇（モンゴルの襲来）（10分）　97　　展開
Ⅱ：元寇（モンゴルの襲来）の社会的影響（18分）　102　　まとめ（7分）　104

2　説明と発問は正確かつ具体的に　104

専門事典をチェックしよう　104　　具体的な概念・図・イラストで言い換えよ
う　105　　ひと手間加えてクイズにしよう　107

3　資料は「読ませる」のではなく「読み解き方を教える」　109

4　事実の羅列を「謎解き物語」に　112

教科書はたいてい無味乾燥に感じる　112　　「謎解き物語」がひらめくには　113

5　資料しか使わない先生の名人芸　114

第 III 部　教職専門性の総合的なブラッシュアップ

第7章　学習指導案とリハーサル・模擬授業の往復 119
　　　　──良い試行錯誤とは

1　リハーサルはなんのため？　119

　　現実化することによってわかる　119　　　一人リハーサルはなんのため？　120
　　人前リハーサルはなんのため？　122　　　模擬授業はなんのため？　124

2　ICT 機器を使った振り返り　127

3　授業分析のポイント　128

　　授業の仕掛けは生徒の学びに活かされているか？　129　　　ICT 機器の特性を利
　　用できているか？　129　　　「質問」は「発問」になっているか？　131　　　「言葉
　　のやり取り」は「対話」になっているか？　132

4　より良い試行錯誤に向けて　133

　　できること／できないこと　133　　　リハーサルによる触発　134

第8章　アクティブ・ラーニングの基本と実践 137
　　　　──生き生きした思考の活動に向けて

1　アクティブ・ラーニングとは何か　137

2　アクティブ・ラーニング視点の教育手法　139

　　アクティブ・ラーニングの目的①──授業内容に即して　139　　　アクティブ・
　　ラーニングの目的②──生徒の能力に即して　141　　　アクティブ・ラーニング
　　の具体的手法　142

3　アクティブ・ラーニング実施の留意点　142

　　時間的コストを考えて取捨選択を　142　　　作業の「補助線」の重要性　145
　　作業の評価の難しさ　146　　　教育実習生としての留意点　147

4　アクティブ・ラーニングの 3 レベル　148

第9章　学校・生徒の実態と実習の課題 151
　　　　──教師として成長するために

1　多層的で予測不可能な仕事に対応する　151
　　──柔軟さ・臨機応変さが試される

　　予想外に対応する　151　　　成長のチャンスと向き合う　153

目　次　　xi

2 伝わらない悲しみに向き合う――そこに工夫の喜びがある　155
　　教育者の意図のとおりに学んでくれるとは限らない　155　　「俺の話を聞け」と
　　いう怠惰　156

3 学校という場を多角的にとらえる――青少年の居場所という意味　159
　　居場所をつくる　159　　学校という場の役割を考える　161

4 被害者にも加害者にもならないために　163
　　――よりよい教師キャリアの構築にむけて

5 本章のまとめ　167

　文　　献　170
　あとがき　171
　索　　引　176

本書のコピー，スキャン，デジタル化等の無断複製は著作権法上での例外を
除き禁じられています。本書を代行業者等の第三者に依頼してスキャンや
デジタル化することは，たとえ個人や家庭内での利用でも著作権法違反です。

第 I 部　教育実習に臨むための準備

　教育実習に臨むにあたって実習生が準備しなければならないことは，たくさんあります。その本筋は，「授業力を鍛えておくこと」です。授業力を鍛えるためには，より良い指導案を作れるようになり，練習を繰り返してその授業をより良く実施できるためのスキルを身につけるようになることが大切です（第II～III部）。けれどもそうした授業そのものの準備の前に，第I部では，実習とはいったいどのような目的のもと，どのように位置づけられているのか，どのような心構えが必要なのかを確認しておきたいと思います。それは簡単に言うと，「一人の大人として制度を理解し，態度と準備を整える」ということです。

　まず第1章では，教職課程やその中の教育実習がどのような法律や制度に基づいているのかを確認します。これまでみなさんは，何かを学ぶときに，その学びの制度的側面をきちんと確認したことがあるでしょうか。これをしておかないと，「指示どおりに書類を提出する」「言われたから指導案を書く」といった，指示待ち人間になりかねません。教職は，教師が自ら教材を研究し，その成果を生徒に伝える方法を探求する，創意工夫を要する仕事。だとしたら，自分の出す書類の背景，作成する指導案の背景となる制度をきちんと把握し，こうした事柄に主体的に関われるようになりましょう。

　続いて第2章では，教育実習に臨む際に求められる姿勢を確認します。ここで主として取り扱うのは，実習生の生活面や態度面，手続き面です。本書はこの章以降は，主として教科指導に焦点を当てていきます。なぜなら，教育実習生に求められるのは何よりも，教科指導

の力だからです。ですから第2章は，実習生の生活面について述べることのできる最後の章になります。特に，実習校の指導教員との関係の取り方や，大学生が「常識」と誤解してしまっている非常識を確認します。この確認をとおして，「大人として振る舞うこと」とはどのようなことかを具体化します。

　最後に第3章では，教育実習は何をどのように評価されるのかを，データに基づいて分析します。すると，実習生に最も求められているのは，授業力であることがわかります。と同時に，簡単なデータを読み取る力を，みなさんにつけてもらいたい，とも考えています。理系の難しい統計学をやろうというのではありません。授業を改善していくために，客観的な数量データに基づいた最低限の分析をできること。これは，社会人としてぜひ身につけてほしい技能です。

　まえがきでも述べたように，教育実習に臨もうとしているみなさんの現状（心構えや準備の度合い，授業力や事務能力などなど）は，各自でかなり違っている面があります。より良い準備をして臨んでほしいと思いますが，ではどのぐらい改善できるのかという現実的な側面も見据える必要があります。本部では，特に第2章を中心に，「最低限できなければならないこと（レベル1）」や「なるべくできてほしいこと（レベル2）」，「できるととても良いこと（レベル3）」という三段階で，みなさんの取り組むべきことを提示しています。自分はどのぐらいのことができるのか，冷静に分析しながら，読み進めてください。

第1章 教育実習の制度的側面
——法律・大学・学校の論理

　本書では，教育実習は，教職課程での「学びの集大成」の場として位置づけられています。では，何を学ぶことが期待されているのでしょうか。本章では，まずこうした教育実習の目的について，特にその制度的な位置づけを検討していきます（第1節）。

　つぎに，教育実習生を送り出す大学と受け入れる学校に焦点を当て，両者が教育実習をどう捉えているのか確認します。大学は，教育実習に臨めるだろうと判断した学生のみを送り出すようにしています。多くの大学において，教育実習に履修制限をかけているのはそのためです。どのような制限をかけているかを見ることによって，学生を学校現場に送り出す大学の論理を確認していきます（第2節）。

　学校現場も，すんなりと学生を教育実習生として受け入れているわけではありません。学校はさまざまな業務を抱えており，多くの負担がかかっています。こうした状況から，当然のことながら，学校は教育実習生を受け入れるに当たって，要件を課しています。この要件を見ることで，教育実習生を受け入れる学校の論理を確認していきます（第3節）。

1 教育実習で期待される学び

　みなさんが履修している教職課程の科目は，教育職員免許法，同法施行令，同法施行規則にのっとる形で提供されているものです。具体的には，必要な科目の内容と単位数等が規定されています。また，文部科学省が大学の教職課程

を認定する「課程認定」という制度では，各科目のシラバスの内容，科目担当教員の研究業績（担当科目に関する研究業績があるかどうか）等がチェックされます。教職課程を理解する大前提として，**大学が好き勝手に教育しているわけではなく，すべての大学に適応される法規に基づき存在している**ことを確認しておきましょう。もちろん，教育実習も同様です。ここで少し，教員免許・養成制度のポイントを復習しておきましょう。押さえておきたいのは，二つの原則です。

相当免許状主義──免許の意味を確認しよう

一つは，相当免許状主義です。日本では，中学校で社会科を教えるならば中学校社会科の教員免許状，小学校で教えるなら小学校教員免許状といったように，相当する免許状を有していなければ教壇に立つことはできません。相当免許状主義の背景としては，中央教育審議会[1]が 2002 年に出した答申「今後の教員免許制度の在り方について」において，次のように説明されています。

> 教員について相当免許状主義が採られている趣旨は，教職の専門性に由来する。すなわち，教育の本質は幼児児童生徒との人格的触れ合いにあり，教員は，幼児児童生徒の教育を直接つかさどることから，その<u>人格形成に大きく影響を及ぼす</u>。また，教科指導を通じ，将来の我が国社会を支える児童生徒に社会人，職業人となるために必要な知識・技能の基礎・基本を身に付けさせるという<u>極めて重要な使命を負っている</u>。（下線は筆者が追加）

確認しておきたいことは，教員は「人格形成に大きく影響を及ぼす」こと，そして「極めて重要な使命を負っている」ことです。みなさんが取得を目指している「免許」とは，一般的には禁止されている行為を特定の人にだけ許可するものです。つまり，学校という公の機関で子供を教育すること自体，本来ならば禁止されていることを意味します。なぜでしょうか。もし，正しいとは到底思えない知識が学校で伝達されていたらどうでしょうか。子供の学びを侵害

---

1 中央教育審議会（中教審）とは，文部科学省に設置されている合議制の審議機関です。文部科学大臣からの諮問に応じて，教育政策等の重要事項を調査審議して，答申する役割を担っています。

するような指導が行われていたらどうでしょうか。子供たち一人ひとりの人格の形成に大きな影響が出るだけではなく，子供たちが将来生きる社会そのものにも大きな影響を及ぼします。そうならないために，「免許」を有した人しか教壇に立てない仕組みとなっているわけです。

この点は，教育実習でも同様であることは，きちんと踏まえておきましょう。わずか2週間や3週間であろうとも，みなさんが子供たちに与える影響は小さくありません。みなさんの一言で子供たちが救われることがあります。もちろん逆に，みなさんの何気ない一言は，子供たちを簡単に傷つけることができます。だからこそ，教育実習に行けるかどうかを大学は厳しくチェックし，学校も条件を課すのです。

大学における教員養成と開放制——一般大学・学部における教職課程の意味とは？
もう一つの原則は，大学における教員養成と開放制です。日本では，教員養成系大学・学部だけではなく，一般大学・学部でも教員免許状を取得できます。教員を養成するという機能が，すべての大学（短期大学を含む）に開かれています。しかし，たとえば医師になるには医学部入学が前提ですし，薬剤師も薬学部入学が前提です。つまり，閉鎖制をとっているわけですが，教師の場合はなぜ開放制なのでしょうか。2006年の中央教育審議会答申「今後の教員養成・免許制度の在り方について」では，大学で教員養成を行うことと開放制について，次のように説明しています。

我が国の教員養成は，戦前，師範学校や高等師範学校等の教員養成を目的とする専門の学校で行うことを基本としていたが，戦後，幅広い視野と高度の専門的知識・技能を兼ね備えた多様な人材を広く教育界に求めることを目的として，教員養成の教育は大学で行うこととした（「大学における教員養成」の原則）。また，国立・公立・私立のいずれの大学でも，教員免許状取得に必要な所要の単位に係る科目を開設し，学生に履修させることにより，制度上等しく教員養成に携わることができることとした（「開放制の教員養成」の原則）。（下線は筆者が追加）

最も重要なことは，「多様な人材を広く教育界に求めること」です。これは，

1　教育実習で期待される学び　　5

教師集団が多様であることの重要性を意味しています。もし学校現場の教師全員が，同じような考え方を持ち，同じように教え，同じような方法で子供に接するとしたら，どうでしょうか。多様な子供たちに対応できるはずがありません。みなさんの経験でもあったはずです。担任の先生とは馬が合わないけど，部活の顧問の先生には何でも相談できたとか，国語の先生にだけはいろいろ話すことができたとか。教師が多様であるからこそ，子供の多様性が学校の中で尊重されるわけです。

　もちろん，上述した相当免許状主義と相まって，一定の共通する能力を保持することは必要不可欠です。「一定の共通する能力」は，大学の教職課程での学びを通じて保障されます。そのため，教師の多様性は，教職課程をふまえた上でのみなさんそれぞれの大学生活にかかっています。教職課程で学んだことをより深めていくことは当然でありながら，専門学部での学びを充実させていく，課外活動に積極的に参加する，さらにはアルバイトやボランティアといった学外での経験も積んでいく。そうした総合的な大学生活での学びが，多様な教師を育てる素地となります。

　一般大学・学部の場合，この多様な教師の育成がとくに求められます。たとえば社会科教員を目指す場合，「教科に関する科目」をとおしての専門的知識の習得だけではなく，歴史学や哲学，経済学や法学といった自らが専攻する学問を学ぶことで教科に関する知識を深めていきます。また，教育学とは異なる学問分野の学びをとおして，社会のあり方を考えていきます。さらには，それぞれの学問分野の方法論にのっとって卒業論文を書くこともあるでしょう。**専門学部での学びは，特定の分野に関する深い知識や学問的方法論をベースにした教材研究および教科指導を可能とするだけでなく，自らの社会に対する見方や教育に対する考え方を深めることにもつながります。**これらは，教員養成系大学・学部の学生とは異なる学びのプロセスとなり，一般大学・学部の学生に期待されていることの一つでしょう。

教育実習の目的とは？

　では，本題の教育実習の目的に迫りましょう。近年の教員養成改革では，学校現場での経験をいかに積ませるのか，という議論が活発に行われています。

6　　　　第 1 章　教育実習の制度的側面

たとえば，国立教員養成系大学・学部を中心に行われているのが，「理論と実践の往還」を目的とした段階的実習です。1年次から学校現場での実習科目を導入し，2年次でも学校現場での活動を盛り込み，3年次および4年次での教育実習につなげていくものです。これは，単に大学で学んだ理論を現場に適用するという一方向的な考えではなく，現場で生起している課題を把握して，それを大学の講義等で検討し，さらに現場での解決に生かすという双方向的な考えに基づいています。このプロセスにおいては，教育実習の目的が単なる「学校現場を知る」とか「大学での学びを試す」といったものではなくなり，各大学での学びに応じたより複合的な目的となります。

　とはいえ，1年次から実習の機会を設定している一般大学・学部の教職課程は，それほど多くはありません。現実的には，多くの学生にとって教育実習が初めての現場経験となるでしょう。ではその場合の教育実習の目的をどう考えたらよいでしょうか。先にも引用した2006年の中教審答申では，教育実習の目的について次のように指摘しています。大きく二つの目的をそれぞれ確認していきましょう。

・教育実習は，学校現場での教育実践を通じて，<u>学生自らが教職への適性や進路を考える貴重な機会</u>であり，今後とも大きな役割が期待される。
・教育実習における実習内容は，<u>学校における教育活動全体を視野に入れること</u>が基本であるが，学生の履修履歴や免許状の種類に応じて，例えば，授業実習の比重を高めたり，学級経営の比重を高めるなど，実習内容を重点化することも考慮する必要がある。なお，その場合でも，<u>教科指導の実践は教育実習の最も重要な内容である</u>ことから，課程認定大学は，学校や教育委員会と協力しながら，十分な授業実習の機会の確保に努めることが必要である。（下線は筆者が追加）

教職への適性や進路を考える

　一つめは，「教職への適性や進路を考える」ことです。上述したように，教員養成系大学・学部の場合は，1年次に現場を観察したり，補助したりすることによって，自らの適性を早い段階から確認することができます。では，一般大学・学部で行われる3・4年次での教育実習において，「適性を考える」とは

1　教育実習で期待される学び　　　7

どういうことでしょうか。現実的には，教育実習に行って，自分が教職に向いていないと判断し，進路を変更することもありうるでしょう。しかしながら，**4年次の前期で卒業後の進路を変更することは，大きな困難を伴います。だからこそ，教育実習に行くか行かないか，そもそも教職課程を受講するかどうかは，早い段階で慎重に検討しなければならないわけです。**

　この点，政策的動向としては，2015年12月に出された中教審答申「これからの学校教育を担う教員の資質能力の向上について——学び合い，高め合う教員育成コミュニティの構築に向けて」において，一般大学・学部を巻き込んだ新たな方策が提言されています。それが，「学校インターンシップ」です。学校インターンシップは，教育委員会・学校と大学が協定を結ぶことで，学生がボランティアとして学校現場で活動するものです。すでに多くの大学で導入されていますが，1年次から学校インターンシップに参加すれば，早い段階での現場経験を踏まえ，自らの適性を考えることが可能となります。こうした重要な機会を教職課程の中に明確に位置づけ，単位化できるようにしたのが今回の答申となります。そのため，今後は教育実習の「教職への適性や進路を考える」という目的が弱まるでしょう。その分，学校インターンシップ等を通して，教育実習までに学校現場を経験する機会を十分に活用していくことがみなさんに求められることになります。

教科指導を中心とした実践的指導力を伸ばす

　二つめは，学校における教育活動全体を視野に入れた内容でありながら，特に教科指導を重視するという点に着目しましょう。すなわち，教育実習の目的は教科指導を中心とした実践的指導力を伸ばすことにあります。本書第Ⅱ部・第Ⅲ部において，特に授業づくりに焦点を当てているのは，まさに教科指導が教育実習の中心だからです。教科指導が教育実習の中心というのは，教育実習中の時間の多くを自分が実践する授業に割くということです。もちろん，1回の授業時間に限らず，それまでの教材研究や指導教員の授業の見学も含まれます。では，それ以外の教育実習の時間が教科指導とまったく関係ないのでしょうか。答えはNOです。

　教科指導を充実させるための要素はいくつかありますが，教育実習でしか経

験できないことは，教科指導との関係で，現実の生徒理解を深めることです。学習指導案に記載する「生徒観」は，教育実習の現場でなければ書くことはできません。たとえば，大学での模擬授業用に学習指導案を作るとき，生徒観をどう記述できるでしょうか。自らの中学・高校時代をイメージしたり，アルバイト先の学習塾の子供たちを想定したりして書かざるをえないでしょう。授業を創るときには，教える内容と学ぶ生徒の状況をいかに融合させるかが重要なのは言うまでもありません。**教育実習の教科指導では，まさに「生徒の状況」を見取る力を身につける機会がたくさんあり，それを教科指導に反映させていくことが求められる**わけです。

　自分の授業を受けてくれる生徒はどういう性格なのか，クラスはどういう雰囲気なのかといったことは，教科指導以外の時間で理解を深めていくことになります。授業時間以外での生徒との会話やふれあい，学活やホームルームでの指導，部活動での指導，さらには担任教員との情報共有等，さまざまな場面で生徒理解を深めていくことが重要です。そして，こうした経験が唯一できるのが教育実習です。上述した学校インターンシップでは，教科指導は行わず，補助が中心です。そのため，生徒理解を深めることはできますが，それをいかに教科指導に反映させるかという一連のプロセスを経験することはできません。だからこそ，教育実習全体を通して，さまざまなことを吸収していくことが求められます。そして，そうした姿勢や態度で教育実習に臨んでいくことが学生には求められるわけです。

2　教育実習生を送り出す大学の論理

大学の責任——「公害」とならない，ふさわしい学生を判断する

　教育実習生を学校現場に送り出す大学は，教育実習をめぐって二つの責任を有しています。一つは，教育実習生の学びを充実させる責任であり，もう一つは学校現場との円滑な連携を進める責任です。この二つは，密接にかかわっています。たとえば，教育実習前に教科内容の知識を学生に求めることは，教育実習での教科指導をより充実させるだけでなく，学校の指導教員が内容的知識にかかる指導をする負担を軽減させることになります。こうした大学側の姿勢

については，先ほどの 2006 年の中教審答申において，次のように指摘されています。

　　課程認定大学は，<u>教員を志す者としてふさわしい学生を，責任を持って実習校に送り出すことが必要である。</u>各大学においては，これまでも，教育実習の履修に当たって，あらかじめ履修しておくべき科目を示すなどの取組が行われてきたが，今後は，履修に際して満たすべき到達目標をより明確に示すとともに，それに基づき，事前に学生の能力や適性，意欲等を適切に確認するなど，取組の一層の充実を図ることが必要である。

　　また，必要に応じて補完的な指導を行うとともに，それにもかかわらず，<u>十分な成果が見られない学生については，最終的に教育実習に出さないという対応も必要である。</u>実習開始後に学生の教育実習に臨む姿勢や資質能力に問題が生じた場合には，課程認定大学は速やかに個別指導を行うことはもとより，実習の中止も含め，適切な対応に努めることが必要である。（下線は筆者が追加）

　ここからわかるのは，**大学は教育実習生として送り出すのにふさわしい学生かどうかを判断すること，そしてふさわしくないと判断した場合には，教育実習に行かせないという措置をとることが求められている**ことです。これにより，先の責任をまっとうできるわけです。

　ここまで厳格な活動が求められている背景には，「教育実習公害論」と呼ばれるものがあります。教師になるつもりはまったくない，そもそもやる気がない，真剣に取り組まないといった態度の問題，また教科内容の知識の欠如や教育方法の基礎的事項の未習得といった知識・スキルの問題等，さまざまな問題を抱えた学生が教育実習生として送り出されることにより，受け入れる学校現場の負担が増大し，「公害」となっている，という現状認識を示したものです。

　文部科学省の調査（「平成 28 年度公立学校教員採用選考試験の実施状況について」および「平成 27 年度教員免許状授与件数等調査結果について」）によれば，2015 年度に大学による養成を経て教員免許状（一種および二種）を取得した人は，18万 2984 人に上ります。一方で，当該年度の公立学校教員採用試験を受験した新卒者は，5 万 2942 人しかいません。つまり，約 3 割弱（28.9％）の教員免許

状取得者しか，公立学校の教員採用試験を受験していないことになります。もちろん，複数の教員免許状を取得している者が多数いること，私立学校教員の採用試験しか受験しない者，一定の社会経験（民間企業等）を経てから教員になろうとしている者もいるため，単純な除法は適切ではないかもしれません。それでも，教員免許取得者の多くが教員採用試験を受けないという状況は，「教育実習公害論」の現実を確認する事実となります。だからこそ，大学は自らの責任をまっとうするためにふさわしい学生を判断する取り組みを実施し，この課題の解消に取り組んでいるわけです。

教育実習の履修要件の意味――教育実習生として送り出すのにふさわしい学生像

　教育実習公害論の状況は，教員養成の開放制という特質に起因すると言われることがあります。そのため，開放制の背景にある多様性を担保しながら，ふさわしい学生を判断していくことが大学には求められます。では，どのような基準で大学は判断しているのでしょうか。ここでは，一般大学・学部の教職課程に焦点を当て，具体的な事例を参考にしながら確認していきましょう。

　多くの大学は，教育実習を履修する要件を明記しています。たとえば法政大学は，教育実習の履修要件として，以下の項目を挙げています（法政大学教職課程センター『教職課程履修要綱』2016 年，7 頁）。

・4 年次生であること。または，本学卒業生で科目等履修を許可された方
・実習前年度までに教職に関する科目のうち，12 単位以上を履修済みであること
・実習前年度までに，取得しようとする免許教科の「教科教育法」を最低 1 教科分履修済みであること
・実習前年度までに「教育実習（事前指導）」に合格した方（3 年間有効）
・実習前年度までに「履修カルテ」について，事前指導担当教員が確認済みであること（2010 年度以降入学生のみ対象）
・実習前年度前に教職課程費（3 万円）を大学に納入済みであること

　これらの要件は，多くの大学に共通しています。筆者が勤務する福岡大学の要件を見ても，次のような項目となっています（福岡大学『教職課程・博物館学

2　教育実習生を送り出す大学の論理　　11

芸員課程・社会教育主事課程・〈履修の手引き〉』2016 年，25 頁）。

・卒業見込みである者。
・次の科目の単位を実習の前年度までに修得している者。
　➤　「教職概論」（2 単位），「教育原論」（2 単位），「教育心理学」（2 単位），免許状
　　　取得に必要な「教科教育法」のうち 2 単位以上（ただし，商学部第二部学生を
　　　除く。）
・卒業後，教職に就く意思がある者。
・3 年次の「教育実習説明会」に出席し，所定の教育実習申込手続きが完了している
　者。
・言動，身だしなみ，マナー等で実習校の教育活動を妨げることのない者。

　共通する内容をピックアップしていきましょう。一つめは，4 年次生である
こと，すなわち教育実習履修年度に卒業予定であることです。二つめは，履修
しなければならない科目が設定されていることです。三つめは，その中でも教
科教育法に関する科目を必ず履修しなければならないことです。これらの共通
点から，大学（一般大学・学部の教職課程）が教育実習生にふさわしいかどうか
を判断するポイントを導き出すことができます。それは，教職課程の科目等に
ついて計画的な履修をしてきているかどうか，そして教科教育法の基礎を習得
しているかどうかです。それぞれの内実を検討しましょう。

計画的な履修ができていること

　まず，計画的な科目の履修をしてきているかどうかについてです。これは，
あらかじめ履修しておくべき科目が設定されている状況からわかります。単位
数だけを提示する場合もあれば，具体的な科目を明示する場合もあります。た
とえば，福岡大学の場合，教育実習の履修要件となる科目が明示されています
が，これらはすべて 1 年次に開講される科目となっています。教育実習の履修
は 4 年次ですので，当該科目に数回チャレンジしても単位が履修できなければ，
自動的に教育実習に行けないことになっています。そのため，特に「教職概
論」では，全体的な内容や評価基準の統一を図っており，その後の教職課程の

履修を大きく左右する位置づけとなっています。

　また，同志社大学の場合，教育実習を履修する要件の前に，教育実習の依頼要件が設定されています（同志社大学免許資格課程センター『2016年度入学生用免許・資格関係履修要項』2016年）。これは，4年次に開講される教育実習の履修に先立ち，その前年度に実習校に依頼できる学生の要件となっています。4年次の履修要件には，「教職概論」「教育原理」「発達と学習の心理学」「人権教育論」「教科教育法（2単位分）」をすべて履修することが求められています。対して，依頼要件としてはこれらの科目のうち3科目以上習得していることが求められています。つまり，教育実習の履修に向けて，着実な科目の履修を求めているわけです。

　なぜ，このような計画的な科目の履修が求められるのでしょうか。一つは，教育実習に行く前には，教職をめぐる基本的な知識・技能を身につけておく必要があるとされているからです。教職にかかる科目を1つも履修しないこと，そしてその結果，基礎的・基本的な知識や技能をまったく身につけないで教育実習に学生を送り出すことは，大学の責任として許されないということです。もう一つの理由としては，計画的に科目を履修していくプロセスそのものを見る側面もあるでしょう。段階的に科目を着実に履修できていることは，物事を着実にこなすことができる能力でもあります。また，大学生活を大きな問題もなく過ごしている証拠となるでしょう。そうしたことが，教師になるにあたって「ふさわしい」条件とされているわけです。

教科教育法の履修が意味すること

　次に，教科教育法の科目履修を要件としていることです。これには，教育実習に行く前に，教科内容に関する知識をある程度有していること，そしてそれを基盤に教科内容を教える基本的な方法を身につけていることを求めていると言えます。特に一般大学・学部の場合，自らが所属している学部で教科にかかる専門的知識を学び，教職にかかる内容を全学的な教職課程で学びます。つまり，教科内容の知識と教育的知識や技能について，別個に学んでいかなければなりません。改めて説明することではないですが，教科の内容を知っているだけでは，子供たちに教えることはできません。教える方法論，子供たちの学び

方といった教育学的知識や技能と，教科内容の知識の両者が統合することで，初めて成立します。この両者を統合するという意味において，教科教育法は教職課程の科目として重要なポジションにあり，学生を判断する一つの指標となります。学校現場できちんと教科指導に立ち向かえるかという点を判断するには適した科目というわけです。

なお，教科内容の知識について，一般大学・学部の学生は専門学部に所属し，自らの専門となる分野をより深く学べることから，教員養成系大学・学部の学生と比しての強みともなります。慶應義塾大学では，教育実習の履修要件の一つに，教職課程が課す教科の試験に合格することを求めています（慶應義塾大学教職センターウェブサイト：http://www.ttc.keio.ac.jp/rishu_test.html, 2017/03/07）。こうした教科内容に関する深い知識を有しているということをチェックすることは，特に高校に教育実習生を送り出す場合，大学としてはふさわしさを判断する重要なポイントだと言えるでしょう。

社会人としての常識的姿勢をみる――ガイダンスへの出席

このほかに指摘しておきたい要件がもう一つあります。計画的な科目の履修や教科教育法の履修は，どちらかと言えば，教育実習生として現場に出るのにふさわしい知識や技能を求める側面が強いものです。一方で大学は，学校現場という社会で活動するための一般常識的な態度や姿勢も，ふさわしさを判断する基準としています。それが，教育実習オリエンテーション等への出席状況の確認です。多くの大学では，教育実習の履修に先立ち，実習校への内諾依頼の方法等を含めたガイダンスを実施しています。その際，そのガイダンスに無断欠席すること，ならびに無断で遅刻することによって，教育実習の履修そのものを認めないという措置をとっている大学が多くあります。また，決められた日時までに書類を提出できなかった場合も同様です。これらは，社会人としてのふるまいができるかどうかを見極める側面として機能しています。

3 教育実習生を受け入れる学校の論理

学校現場は，数多くの業務を抱えています。教科指導や生徒指導はもちろん

のこと，保護者との連携を含めた家庭教育への支援，地域社会との協働による地域活性活動等々，本来の学校の役割を超えているとすら言われています。また，社会の変容にともなって，貧困状態にある生徒，発達障害の生徒，日本語をうまく使えない外国人生徒といったさまざまな生徒のニーズに向き合うことも求められています。こうした中で，いわゆる「チーム学校」をキーワードに，スクール・カウンセラーやスクール・ソーシャルワーカー等，教師だけではなく多様な職種を巻き込んだ学校全体としての対応を進めていくことが期待されています。

さて，この現状の中で教育実習生を引き受けることは，冒頭で述べたとおり，学校にとって大きな負担となります。もちろん，将来の教師を育成するという観点からは，単純に負担として片づけられるものではありません。しかし，教育実習公害論が示すように，教師になるかどうかわからず，やる気を見せない学生がいるとなれば，それは大きな負担となるでしょう。そこで，学校はそうした負担を軽減すべく，教育実習生に対して要件を課すわけです。

教育実習生の受け入れ手続き──教育委員会の思い

一般大学・学部の学生にとって，教育実習は母校で行う母校実習が一般的でした。しかし，2006年の中教審答申において，原則的に母校実習は廃止する方向性が打ち出されています。その後も文部科学省は，教職課程を有する大学に対して母校実習を縮小するように指導していますが，現実的には受け入れ先の確保の問題等から，難しい課題となっています。母校実習の場合，基本的には学生が自らの母校に連絡し内諾を得て，その後大学の事務を通して手続きに入るのが一般的です。しかし，公立学校での実習の場合，各自治体の教育委員会が一括に引き受けるといった仕組みになっている場合も少なくありません。

たとえば東京都の場合，東京都教育委員会が承認した大学に在籍している学生は，所属大学を通じて一括で申請することになります（東京都教育委員会ウェブサイト：http://www.kyoinsenko-metro-tokyo.jp/menkyo/m_jissyu, 2017/03/08）。その場合，教育委員会が教育実習先の受け入れの調整を行うため，希望の地区・学校で教育実習ができる保証はなく，教科によっては教育実習の受け入れそのものが拒否される可能性もあります。北九州市や姫路市といった自治体でも，

大学が一括する形で教育委員会に教育実習の受け入れ申請をすることになっています。また，学生自身が直接教育委員会に申し込みを行う場合もあります。学生に対して教育委員会が面接を行い，受け入れ先や教育実習受け入れの可否を決定する自治体（千葉県八千代市，群馬県桐生市等）もあります。

こうした教育委員会ベースで教育実習の受け入れ手続きが決められる背景には，やはり教育実習にかかる負担が増大しているという側面があります。たとえば，教育実習生の偏りが学校ごとに生じて，一度に何人もの学生を1つの学校が引き受けることは大きな負担となります。特に，中学校社会科や高校公民といった比較的多くの学部で教員免許の取得が可能な教科については，その傾向が強いでしょう。また，そうした学校の過重負担を解消することは，教育実習生にとっても，きめ細かな指導を受けることができる点で，大きな意味があります。

もう一方で，教育委員会や学校がきちんと教育実習ができる学生かどうか見極めることで，余計な負担を減らしたいという側面もあります。たとえば，横浜市の場合，大学で一括して申請し，教育委員会が割り振りを決めた後，学生が割り振り先の学校長と個別に面接することになっています。面接では，①身なり，服装　②受入れをお願いする姿勢　③教育実習に対する意欲　④はきはきした受け答えに留意することが学生に求められています（横浜市教育委員会『平成29年度〔平成30年度実施〕横浜市教育実習システムガイド：連携大学大学生用』2017年1月）。そして，「教育実習で教壇に立ち児童生徒を指導できるか」という視点で受け入れの可否を校長が決めることになります。校長の判断では，受け入れの拒否もありえます。たとえば，以下のケースの場合は受け入れが拒否されているようです（横浜市教育委員会 2017，3頁）。

・身なりや面接のマナー，電話対応などに課題があった。
・面接に臨む心構えができていなく，受け入れてもらうという姿勢が感じられなかった。
・「教員になりたい」という意気込みが感じられなかった。
・目を見て話せない，声がとても小さいなど，コミュニケーション力に課題があった。
・教員を目指す上での必要最低限の知識がなかった。

教育実習生の受け入れ方針──地元出身者，地元教員採用試験受験予定者を受け入れる意味

　教育実習生の受け入れ手続きにおいては，教育委員会や学校は受け入れの方針を示しています。**表1-1**は，いくつかの自治体の事例を示したものです。

　共通するポイントを確認すると，地元出身であること，地元の教員を志望していることがわかります。地元出身者しか受け入れないという事情は，どう理解すればよいでしょうか。一つは，教育実習生の人数を制限することが挙げられます。特に多くの大学が立地している地域では，そうした措置を取らなければ，教育実習生で学校現場はあふれかえるでしょう。他には，地元出身ゆえに，学校が置かれている状況や地域の状況をよく理解できているということもあるでしょう。

　地元の教員を志望するという要件は，どうでしょうか。これには，教育実習の段階から，地域の文脈に沿った教え方や留意事項を身につけさせたいという思いがあることがわかります。そして，当該地域で教育実習を経験した学生がその地域の教員採用試験を受けることで，地域の課題を理解し，方法を身につけた学生を採用できる可能性が高まるわけです。たとえば，山口県では，山口県公立学校の教員になりたい学生のみを対象に，教育実習指定校制度を実施しています（山口県教育委員会ウェブサイト：http://www.pref.yamaguchi.lg.jp/cms/a50200/yousei/siteikou.html, 2017/03/08）。その目的の一つには，教育委員会にとって，「実践的な指導力を有する優秀な若い教員を育成し，採用すること」が挙げられています。こうしたことは，母校実習の縮小を進めている文部科学省も，以下のように肯定的に捉えています。

　　一方，<u>学生が自らが教職に就くことを希望する出身地の学校で教育実習を行うことは，早い段階から地域の教育等を知る上で意義がある</u>ことから，このような積極的な理由から，母校をはじめとする出身地の学校で実習を行う場合については，柔軟に対応することが適当である。（下線は筆者追加）

　また，教育実習期間中というのは，校長等が教育実習生の能力を見極めていることも確かです。筆者の教職課程担当教員としての経験談でしかありません

3　教育実習生を受け入れる学校の論理

表 1-1　教育委員会による教育実習生の受け入れ方針

東 京 都 （承認されていない大学に 在籍している学生の場合）	・大学等に最高学年に在学し，又はこれと同等以上で教 育職員免許状所得見込みである東京都出身者（高等学 校卒業時まで東京都内在住者） ・東京都公立学校教員採用候補者選考試験を受験予定の 者
姫 路 市	・卒業後に教職につくことを希望する方 ・姫路市立学校（幼稚園・保育所を含む）の出身である 方
八千代市	教育職への強い意欲を持ち，教員養成機関に所属し，下 記に掲げる方で，千葉県教員採用試験を受けようとする 方を原則。 　　　①教員養成大学関係の学生で，八千代市に居住する 　　　　方 　　　②八千代市立小・中学校の卒業者で，教職課程履修 　　　　の方 　　　③その他，教育委員会が特に認めた方
横浜市（大学で一括に申請 する際の志願資格）	A：横浜市の教員を第一志望としている学生 B：教員を第一志望とし，横浜市が選択肢の一つになっ 　　ている学生 ＊受入れの優先順位は，A＞Bの順。

（出所）東京都教育委員会ウェブサイト，姫路市教育委員会ウェブサイト：http://www.city.
himeji.lg.jp/s110/2212766/_29555.html，2017/07/24；八千代市教育委員会ウェブサイト：
http://www.yachiyo.ed.jp/kyouiku/sidou-ka/Kjissyu-ukeire1.html，2017/03/08；横浜市教
育委員会 2017。

が，教育実習先の校長から教育実習中の様子が評価され，たとえ教員採用試験
に不合格となっても，常勤講師や非常勤講師の連絡を直接校長からいただいて
いるケースをたくさん見てきました（もちろん，不合格とはいえ，教員採用試験の
結果は考慮に入れられています）。優秀な学生を採用したいという思いは，どの教
育委員会や学校も同じです。「青田買い」という言葉は，やや批判的な意味が
含まれるかもしれませんが，少なくとも受け入れる教育委員会や学校の論理と
して，こうした側面があることは理解しておきましょう。

就職活動と教育実習の両立？──今後の動き

　最後に指摘したいのが，「教員を希望する者」という要件です。これは，民
間企業への就職や公務員といった教職以外の進路を考えている学生は，教育実

習生として受け入れないことを意味します。上述してきたように，将来の教師を育成するという観点から学校が教育実習生を引き受けている限り，当然の要件です。ただし，一般大学・学部の学生にとって，「教員になりたい気持ちもあるし，でも民間企業での就職も考えたい」という思いは現実的なものでしょう。しかし，日本経済団体連合会が2016年の就職活動から採用選考活動の開始を6月としたため，就職活動と教育実習の両立は時期を考慮しても，より困難になっています。この点に関し，第2章で述べられるように，**教育実習期間中の就職活動は許されないこと，就職活動は欠席・遅刻の理由にはまったく該当しないことは，肝に銘じてください。**先に述べたように，**学校インターンシップの導入により，教職への適性を見極める機会は増えていきます。**そうした多様な機会を活用した上で，**教育実習に臨む姿勢こそがこれからは大事となっていきます。**

第**2**章 教師の資質とは何か
——教育実習に行くまでのトレーニング

　第1章で述べたように，それぞれの大学で定められている「教育実習に行く資格」として，「言動，身だしなみ，マナー等で実習校の教育活動を妨げることのない者」(福岡大学) といった項目がしばしば挙げられます。本章では，実習校の教育活動を妨げることのない言動，身だしなみ，マナー等は具体的にどのようなものなのか，そしてそれらはなぜ実習生に求められるのかを見ていきます。

　まず，教育実習生が守らなければならないルールや約束がなぜあるのかを，実習生と，実習生を指導する教員の一日がどのようなものかという点から考えます (第1節)。続いて，先生としてふるまうべき事柄を挙げます (第2節)。こうした「ふるまうべき事柄」が守れなかった学生の実例をもとに，実習生が「常識」と思っていることが大人の世界では「非常識」ととられてしまいかねないことを確認し (第3節)，最後に，非常識にならないために自分の「実力」と「認知タイプ」とを判断する方法を述べます (第4節)。

1　教育実習生の一日と実習先教員の生活

実習生の一日

　まず教育実習のあいだの生活はどのようなものか，見ておきましょう。これは，中学校で3週間の教育実習をおこなったA君の生活記録です (最終週の水曜日)。

　一点補足しておきますと，教育実習生の**退勤時刻**は，**学校の方針によってかなり**

\u8868 2-1　A君の生活スケジュール	
時　刻	実習生の一日
6:00	起床
6:45	家を出る
7:25	学校に着く
	実習生控室で授業準備
8:10	HRクラスで生徒と交流
8:25	指導教員と打ち合わせ
8:30	朝のSHR
8:45	1時間目　教壇実習
9:45	2時間目　他の実習生の教壇実習見学
10:45	3時間目　教壇実習
11:45	4時間目　指導教諭の授業見学
12:35	昼休み（HRクラスでお弁当）
13:20	5時間目　他の実習生の授業見学
14:20	6時間目　控室で指導案の作成
15:10	清掃
15:25	帰りのSHR
16:00	実習日誌記録記入
	指導案作成し提出
17:00	部活動に参加
18:00	指導教員からの指導
	教具作成，プリント印刷
	（控室で夕食）
20:00	学校を出る
20:45	帰宅，担当科目の勉強
24:00	就寝

まちまちです。実習生がなるべくしっかりと授業準備の時間を取れるよう配慮してくれる学校もあります。一方で，特に近年は，遅い時刻まで学校で作業することを禁止する学校もあります。社会的に長時間労働が問題視されるようになり，とりわけ教師の多忙が注目されるようになるなかで，実習生も休養を十分に取るように指導する学校も増えてきています。

　「18時で帰されてしまうけれど自分はもっと準備をしたい」と思う実習生もいるかもしれません。「一生懸命仕事をすることをなぜ妨げるのだ」とか，「なぜ他の実習校なら許可されることが自分の学校では認めてもらえないんだ」と理不尽に感じるかもしれません。けれども，学校によってルールが異なるのは，指導方針の違いだけでなく，学校の警備体制や地域の安全性の違いもあるから

です。**実習生の生活を守るためにも**，こうした指針は各学校ごとに立てられています。

　もしもみなさんが，もっとたくさん時間を取って授業準備をしたいと思うならば，家で作業をするなど，別の方法を探しましょう。なかには生徒のプリントなど準備に必要な資料を自宅に持ち帰ることを禁止している学校もあります。学校でしかできないこと，家でもできることを区別して，効率的に対処するようにしましょう。

時間に関するルールや指示

　退勤時刻に限らず，実習生は，**教科指導においても生活面においても，必ずその学校のルールに従わなくてはなりません。**指導教員らからのさまざまな指示も，同様です。たとえば，指導案や実習日誌はいつまでに提出しなくてはならないか。A君は，次のような体験をしました。

> 　実習日誌を必ず帰りのSHRのあと30分以内に提出するように言われていたが，SHR後に生徒が話しかけてくるのですぐに取りかかれず，書く内容も多かったので，30分で書き上げられなかった。少しでも提出が遅れてしまうと，職員室に持って行っても指導教員はもういなくなっており，すれ違いばかりが続いた。一生懸命書き込んだ日誌にはほとんどコメントがもらえず，毎日「時間どおりに提出しましょう」とだけ書かれてしまった。

　教育実習生は，毎日「実習日誌」をつけ，指導教員にチェックしてもらうことになります。これは「日記」ではなく「日誌」ですから，書くのは個人的な感想ではありません。出勤から退勤までの間のこまかい報告に加えて，**実習生として自分が何を経験し，何を感じ，それをこれからどのように活かすのかを，公の記録として書きます**（→第3章）。**日誌を書くことは業務の一つですから，きちんと時間どおりに済ませなければなりません。また，日誌は正式な書類なので，ボールペンで書かなければなりません。修正液（テープ）も使えません**（間違えたら二重線で消して押印します）。

　A君はどうしても指示された時間までに日誌を提出できませんでした。しかしそれは，手書きで文章を書くのに慣れていないというだけでなく，話しかけ

1　教育実習生の一日と実習先教員の生活　　23

てくる生徒に対応するという，実習の一環が原因でした。A君自身は，一日の
ふりかえりを丁寧にしたいと考えていたのです。ではなぜA君の指導教員（B
先生）は，A君の思いをくみ取らず，提出が少しでも遅れると，職員室で待た
ずにいなくなってしまうのでしょうか。いいかえれば，なぜ「実習を提出する
時間」などといったこまごまとしたことまで，ルールや指示があり，それを守
らないと実習生自身に不利益が出てしまうのでしょうか。

　退勤時刻と同様，実習における他のルールや指示にも，さまざまな事情ゆえ
のたくさんの理由があります。そこで何よりも考えなくてはならないのは，**指
導教員の仕事の都合から見た「指示の理由」**です。では，学校の先生はどのような
スケジュールで動いているのでしょうか。次に，先生の生活を見てみましょう。

学校の先生の一日

　これから示すのは，B先生（男性，二十代）の一日のスケジュールです。
　午前5時半に起きて6時すぎに家を出ると，午前7時に学校に到着します。
本日の教具の確認等を簡単に済ませると，7時半にサッカー部の朝練が始まり
ます。朝練は職員会議まで続き，8時15分に急いで職員室に戻ります。10分
ほどの職員会議のあと，こまごまと教員同士で相談ごとなどを済ませ，8時半
にはホームルームのクラスで生徒の出欠を確認します。諸連絡が終わると生徒
は朝読書をするので，そのあいだに急いで提出物の確認などを済ませます。連
絡なしに休んでいる生徒の自宅に電話をかけ，出欠の確認をします。
　8時45分から，授業が始まります。50分の授業＋10分間の休み時間という
組み合わせで，12時35分まで続きます。1時間目と2時間目とのあいだに，
別室登校をしている生徒に会います。出欠確認が朝取れなかった家庭にはもう
一度電話をかけます。空き授業となる3時間目に，1，2時間目に生徒が提出
したプリントに目をとおし，赤ペンでコメントを入れていきます。授業でうま
く伝わっていなかった点，言い忘れた点などをチェックし，各クラスの指導計
画に小さくメモをしておきます。
　4時間目の授業が終わると，12時45分から昼食指導です。教室で生徒たち
と給食を食べます。小競り合いなどがしょっちゅう起こる時間帯で，クラス中
に目を配りながら，自分は給食を5分でかきこみます。13時からの昼休みは

24　　　　　　　　第2章　教師の資質とは何か

教室待機です。教室で小テストの採点をしていると，生徒が話しかけてきたりします。普段は控えめな生徒が，「今日の○時間目にこんなケンカがあった」などの報告をしてくることもあります。話を聞きながら，聞いておくだけでよいケースか，生徒や他の先生と共有したほうがよいケースかを考え，教えてくれた生徒をねぎらいます。

13時20分からは5時間目，6時間目と授業が続きます。授業が終わるとすぐに，清掃指導の時間になります。これもまた，生徒同士の小競り合いが起こりやすい時間で，ほうきを片手に持ちながら，生徒たちのあいだに気にかかる様子はないかうかがいます。15分ほどの清掃のあと，帰りのSHRです。15時35分からは放課後になり，こまかな会議や事務処理を急いで済ませて，16時すぎには部活動の指導に行きます。部活動は約2時間で終了，18時には最終下校時刻となるため，残っている生徒がいないか，見回りを行います。

生徒が完全に学校からいなくなるのは18時10分頃。ここからようやく，授業準備を始められます。専門書を読んだり生徒の感想を分析したりしながら教材研究を進めます。しかしそのあいだにも，担当委員会や部活のこと，クラス内の問題などの雑多な手続きに追われます。場合によっては緊急の会議が開かれます。生徒同士のトラブルだけでなく，生徒の家庭で起きた問題や，近隣住民からの苦情などにも対応します。保護者からの電話が多くかかってくるのもこの時間帯です。無断欠席の生徒の家庭には，この時間帯にもう一度電話をします。時期によっては家庭訪問もおこないます。近年は共働きやひとり親家庭も多く，保護者との連絡は，夜しかできないことが増えています。

教材やプリントを印刷したり，学級新聞を作成して印刷するなど，翌日の仕事の準備がすべて済めば退勤できます。21時を目安に退勤したいと思っていますが，しばしば22時になってしまいます。バスと電車をつかって家までは1時間弱。帰宅して，夕食や入浴などを済ませ，ここからようやく専門書を読み漁（あさ）る教材研究の時間，といいたいところですが，疲れて途中で眠ってしまいました。B先生の毎日は，こうしてすぎていきます。

実習生の指導はいつできるか

さて，このような生活をしている教員にとって，A君の実習指導はいつでき

1　教育実習生の一日と実習先教員の生活　　25

るのでしょうか。このことを確かめるために，まず，22 ページの A 君の生活
スケジュールの横に，B 先生のスケジュールを書き込んでみてください。次に，
B 先生が A 君を指導する時間はどこなら取れるのか，確認してみてください。

　多忙を極める教員は，教育実習期間であっても，保護者との連絡や生徒同士のトラブ
ル，そして教育委員会からのさまざまな通達や調査に対応しないわけにはいきません。
そうすると，実習生の指導ができるのは，放課後の限られた時間ということになりま
す。

　帰りの SHR 後 30 分以内に実習日誌を出すように。この指示の意味するとこ
ろは，B 先生は部活指導に行く前に実習日誌を受け取りたい，ということです。
A 君に対する指導がじっくりできるのは，生徒が下校した後です。そこでは教
科指導など，日誌以外のことに関して指導すべきことが他にもたくさんありま
す。そのときに，その場で出された実習日誌をゆっくり読んでいては時間が
もったいない。そのため B 先生としては，部活に行くより前に日誌を受け取
りたい。A 君の提出が遅れて教科指導の時間にずれこんだ以上は，「日誌は翌
朝返すから」とその場では回収するしかなかったのです。

2　先生らしくふるまうべきこと

「先生」と呼ばれること

　A 君はサボったわけでもいい加減な気持ちだったわけでもないのに，実習日
誌が時間内に提出できない→丁寧なコメントがもらえない，という事態に陥っ
てしまいました。その原因は，A 君は「学生気分」が抜けていないからです。学生
気分でいるとは，「一生懸命やったのだから多少指示どおりにできなくてもガンバリ
は認めてほしい」と思っているということです。そのため，学校という組織にお
いて他の人たちがどのように動いているのか，自分にとって些細なことでも組織
全体にはどのような迷惑をかけてしまうのかに目が向いていません。

　実習生は，生徒から「○○先生」と呼ばれる立場であり，先生らしくふるま
えなければなりません。[2]とはいっても教科指導技術も生徒指導力も不足してい
ますから，せめてできることから，「先生らしくふるまうべきこと」を実践し
ていく必要があります。それこそが，「教育実習に行く資格」として，「言動，

26　　　　　第 2 章　教師の資質とは何か

身だしなみ，マナー等で実習校の教育活動を妨げることのない者」が挙げられている理由なのです。

　次項で，具体的にはどのようなことが必要かを述べます。しかしその前に，「先生らしくふるまう」ことは，**まちがっても「自分は先生だ」といばることではなく，**むしろそんな態度こそが最も「イタい」学生気分だ，ということを確認しておきましょう。実際に，生徒にしきりにアドバイスをしたがったり，授業を「教えてあげる」といった「上から目線」の言葉が出てくる実習生がいます（→第9章）。けれども，第Ⅱ部以降で詳しく見るように，**先生らしくふるまおうと真摯に努めれば努めるほど，自分の実力不足を思い知る**ことになるはずです。だ**から謙虚になる。これが，先生らしくふるまうことの第一歩なのです。**

教育実習に行く前にできなくてはならないこと

　では，具体的にどんなことが必要でしょうか。

　たとえば，教育実習では寝坊で遅刻など言語道断，以後教育実習は継続不可能になります。また，正しい敬語を使える，読みやすい字が書ける，笑顔で人と接することができるといったことも，先生はできなければなりません。さらには，書類を正しく書くことができ提出期限を守れる，必要な連絡が素早く的確にできるなど，先生として必要な「言動，身だしなみ，マナー」は多岐にわたります。

　教育実習に行く前にできるようになっていなければならないことを**表2-2**に挙げてみます。ただし，**表2-2**は，あくまで一例です。先生としてふるまうために必要なことを自分で考え，チェック項目を増やしていってください。

---

2 「先生」と呼ばれる職業は教師以外にも，政治家や医者などがあります。「先生」とは本来，指導的な立場にある人への尊敬の気持ちを込めた敬称です。ですから「先生」と呼ばれる以上，尊敬されるに値する人でなければならないのです。先生と呼ばれることを軽く扱わず，今はまだ仮の「先生」だとしても，将来的にこの言葉にふさわしい人間になれるような努力をしましょう。
　　また，先生がこういう意味である以上，**自分のことを「○○先生はね……」と語ることはNGだ，**ということも確認しておきましょう。敬称を自分に使うというのも，学生気分の「イタさ」が全開です。

　　　　　　　　　　　2　先生らしくふるまうべきこと　　　27

表 2-2　教育実習に行く前に

日常生活の送り方
- □毎日午前 7 時前には起きている。
- □毎日 6 時間以上の睡眠を確保している。
- □好き嫌いなく食事をしている。
- □体調を崩さずに日々過ごしている。
- □必要な予防接種を済ませている。

マナー
- □正しい敬語が使える。（「先生がおっしゃられた書類，先日送りましたが，いただかれたでしょうか」なんて言葉をしゃべっていませんか？）
- □大きな声でほがらかに挨拶ができる。
- □「ありがとう」「ごめんなさい」「すみません」（「すいません」は NG）がスムーズに出てくる。特に，「ありがとう」と言うべきところを「すみません」で済ませない。
- □洗面所を使ったあとはきれいにしてから出る。
- □提出物には「よろしくお願いします」などと書いた付箋を添えている。

字に関すること
- □正しい書き順で字が書ける。
- □丁寧な字がボールペンで書ける。
- □大きくて読みやすい字がすばやく黒板に書ける。

書類に関すること
- □書類や授業のレジュメなどが整理整頓されている。
- □提出物は，端をそろえて，必要なところをホッチキスやクリップでとめ，クリアファイルに入れて提出している。
- □指定された時間までに提出物を出している。

手続きや連絡に関すること
- □実習先の学校に実習の約束を取りつける電話をきちんとかけられる。
- □電話をかけた日時やその内容はその場でメモをとり記録に残している。
- □疑問や困ったこと等をすぐに（なるべく事前に）実習先や大学に連絡できる。
- □大学事務からの連絡は必ずすぐに読みその場ですぐ対処している（締め切りはまだ先だからといって後回しにしない）。

事前のトレーニングが不可欠

　さて，A 君のケースに戻ってみましょう。A 君は，指定された時間までに提出物を出すことや，「どうやら指示されていたことができそうにないな」と思ったら事前に教員に連絡する，ということができずにいます。「学生気分」が抜けていれば，空き時間に日誌を書いておくなど，もっと早く書くための工夫ができたはずです。

けれど，それだけでは不十分です。A君が時間どおりに実習日誌を書けなかった原因の一つは，思いのほか時間がかかってしまったことです。つまりA君は，**A4用紙1枚に丁寧にかつ速く文章を書くために，どのぐらいの時間がかかるか，把握していなかったのです。**A君にかぎらず，指定された量で適切な内容の文章を手書きで丁寧にかつ速く書く，ということを普段からしていない人には，これがわからないと思います。

ですから本当は，実習先で時間の工夫をするよりももっと事前に，大学でやっておくべきことがありました。それは，**手書きで文章を書くトレーニング**です。「大丈夫，普段はやってないけど，実習中は気をつけてちゃんと書くから」と思うかもしれません。しかし字を書くということは，指でペンを動かしたりその間自分の指を支えたりというように，身体を用いる運動ですから，「速くていねいに書こう」という意欲だけではどうしようもないのです。「ホームランを打ちたい」と強く念じればホームランが打てるわけではないのと同じです。ホームランを打つには，毎日の素振りや地道な筋トレなどが必要です。**文章を書くことにかぎらず，実習に行くためにできるようになっておくべきことの多くは，長期間をかけたトレーニングが必要なのだ，**と考えておいてください。

たとえば早寝早起き。普段は不規則な生活をしていても試験やバイトなど重要な日は寝坊しないみなさんは，実習もなんとかなる，と思うかもしれません。実習期間中は，試験などと同様，緊張感があるからです。けれども，実習は，2〜3週間にわたります。人は，それほど長く緊張状態にいることはできないものです。緊張感だけで早起きしていると，実習の後半は，うっかり寝坊をしたり，体調を崩したりしがちです。ですからこの点も，日ごろから早寝早起きをする，というトレーニングをしておく必要があるのです。特に実習中は，こうした作業を**「がんばればできる」**のではなく**「当たり前のようにできる」**必要があります。

洗面所を使い終えたら飛び散った水をティッシュペーパーで拭きとることも，ほがらかに挨拶をすることも，同様です。こうした動作はすべて「身体を用いた運動」であり，毎日の地道なトレーニングを要することだ，ということを私たちは忘れてはなりません。

2　先生らしくふるまうべきこと

3 ケースに学ぼう──大学生の NG 行動

　教育実習に行く前にできるようにならなければならないことって，ずいぶんと些末で面白みのないことだ。そう感じる人もいるかもしれません。たしかにそうです。でも，**実習で起きるトラブル**（場合によっては実習中止など重い判断になるケースもあります）**も，実はこうした些細な問題の積み重ね**だったりします。

　ここからは，筆者たちがさまざまな大学での実習トラブルに関して聞き取り調査をした結果，「まさかそんなことが……？」と唖然とした例を紹介します。第 2 節で，当たり前にできるべきことはなんであるかを学んだみなさんには，それぞれのケースで何が問題だったのか，わかると思います。ケース紹介のあとの解説を読む前に，まずはなぜそれが「NG」なのか，自分で考えてみてください。

就活との同時並行は NG

> **ケース 1　「先輩は就活大丈夫だったらしい」C さん（4 年生）**
>
> 　教育実習中の就職活動は NG，と何度も言われていたが，運悪く実習期間中に，第一志望の会社の最初の説明会が入ってしまった。迷った末，昨年教育実習に行きながら就活も成功したという先輩に聞いてみると，「私も最終面接が入ってしまって困ったけど，実習校に相談したら，教育実習の勤務時間は 17 時までだったから，そのあとの面接なら大丈夫，と言われたよ」とのこと。しかし面接と違い説明会は，時間を夜に変更してもらえなかった。そこで，教壇実習のない日に「風邪をひいた」と言って実習を休んで説明会に行った。

〈解説〉

　第 1 章でも述べましたが，**教育実習期間中の就職活動は絶対に許されません。**なぜなら教育実習とは，教職に就きたいという学生を育てるために，ある意味，「ボランティア」で学校が受け入れてくれるシステムだからです。「教師になる気はなくて，就活したいです」と言われたら，受け入れている実習校はたまったものではありません。ですから，C さんの行動はどう考えても許されるものではありません。

30　　　　　　　　第 2 章　教師の資質とは何か

とはいっても，一度は一般企業を経験したうえで教職に就きたいと思う人も
います。教職の狭き門だけでは不安で，企業からの内定も取っておきたい人も
いるでしょう。企業就職をするつもりだが，教職課程を真剣に履修している大
学生もたくさんいるはずです。そして実習校でも，こうした事情はよく理解し
ています。ですから，Ｃさんの先輩は，実習中の態度や努力が評価されて，特
別な許可が下りたケースです。「最終面接」であることや，「勤務時間外」の面
接だということなども理由だと思われます。これは難しい条件がそろった中で
のきわめて異例の措置です。

　もちろん実習校によっては，実習に真剣に取り組んでおり立派な成果を出し
ていても，就活は NG と判断をすることもあります。その場合は，**どれほど希
望する企業だったとしてもあきらめなくてはなりません**。[3] ましてや，Ｃさんのよう
に，ウソをついて欠勤し，説明会に出るのは，「実習中止」という非常に重い
処分を下されかねません。

「バックレる」大学生

┌─ ケース２ 「教員になるのをやめたから……」Ｄ君（３年生）─────────┐

　教育実習を申し込んで手続きも済ませたものの，「教員採用試験には受かりそう
にないし，もう教職をやめよう」と思っていた。やがて実習校でのガイダンスの日
程が発表された。意欲が下がっていたせいか，うっかり日程のチェックを怠りガイ
ダンスに行きそびれた。大学の事務から電話がかかってきて，窓口に来るように言
われたが，絶対に怒られるとわかっていたし，怖くて行かなかった。もう教職課程
の履修をやめて，バックレるつもりだった。毎日電話がかかってきたが，大学の番
号からのものは無視していた。あるとき，知らない番号からかかってきたので電話
を取ると，大学の事務職員の私用携帯電話からだった。

└──────────────────────────────────┘

〈解説〉

　実習が近づくと，実習校との打ち合わせやガイダンスが設けられます。この
時点ではすでに**実習校は，指導教員を配置し，実習中の授業の範囲などを決め，種々**

　3　最終面接までいけば，「教育実習期間中なのでそれ以外の期間で面接をしてほしい」
　　と企業に依頼するという選択肢もあります。かなうかどうかは企業の判断次第ですが，
　　あなたが「是非とも採用したい人材」ならば，変更してもらえる可能性もあります。

3　ケースに学ぼう　　　31

の準備を済ませています。その時期に，「意欲が低下したから」とガイダンスに行きそびれることは大問題です。でももっと問題なのは，ミスをしたあとに，「バックレる」というD君の姿勢です。

　D君はこのあと，窓口になおも行かなかったため，大学事務からゼミ教員に連絡がいき，ゼミ教員から当人と保護者とに連絡がいく，というおおごとになってしまいました。教職担当教員が彼と面談して驚いたのは，彼はまじめそうな，気弱そうな青年だったということです。けっしてチャラチャラふざけていたり，不遜な態度をとっていたりもしません。

　もしかするとD君は，これまでも何かトラブルがあったときに，相手方の要求を無視し続けたら，相手が忘れてくれた，不問に付してくれた，ということがあったのかもしれません。また，怖い，不安だ，という事態に直面したときに，逃げてしまう，という解決の仕方しか知らなかったのかもしれません。でも，**自分が「バックレた」ときに，自分にはこれ以上追及がなくても誰かが代わりにその代償を支払っていた**，ということには，残念ながら気づかなかったのでしょう。

夢をかなえたいから

┌─ ケース3　「妊娠した，でも実習には行きたい！」Eさん ─┐

　教員になるのが昔からの夢で，授業もがんばって履修してきた。でも，実習の直前になって妊娠がわかった。最初は「どうしよう」と焦ったが，カレシはすごく喜んでくれて結婚することになった。両親も「できた命に罪はない，ちゃんと責任をとってがんばりなさい」と言ってくれた。両親が私を，厳しくも愛情をもって育ててくれたんだな，と実感できて，命の大切さを伝える教員にどうしてもなりたい，と思った。ところが，事前に大学にも届けた方がいいと言われて事務に妊娠を告げると，「こんな直前に何を言い出すんだ」と怒られ，「今から実習中止だなんて実習先にとんでもない迷惑をかける」と言われてしまった。私は実習を中止になんてしたくない。今年行かなければ，来年からは子育てに忙しくなってしまい，先生になりたいという長年の夢が絶たれてしまう。周りに迷惑をかけないように気をつけるから実習には行かせてほしい。

└──────────────────────────┘

〈解説〉

　いうまでもなく，妊娠初期の女性を教育実習に行かせることはできません。

実習中はかなり激しく動き回りますし，授業準備のためには多くのムリもしますから，母体への影響が懸念されます（理由1）。妊娠初期の女性（しかも大学生）がいれば，周囲の大人たちは気を遣わざるをえません。**自分が勉強させてもらいに行く実習で，相手方に不要な気遣いをさせてしまうなど，あってはならないこと**です（理由2）。実習先の中学校の生徒は，思春期の敏感な時期。大学生の妊娠という事実を受け止めきれない生徒もたくさんいるでしょう（理由3）。万が一事故で流産などの事態が生じたら，取り返しがつきません。Eさんがいくら自分で責任を取ると言っても，その事故に関わったすべての人たちに，**「命を失わせてしまった」という重い十字架を背負わせることになります**（理由4）。

　問題なのは，周囲の人たちのこうした事情よりも「教職に就きたいという自分の夢」の方が崇高だ，だから当然優先されるべきだ，というEさんの考え方です。教職に就きたいという夢のためにEさんが努力してきたことも，教職が命の大切さを教える大事な使命を帯びていることも，たしかでしょう。また，大学生が妊娠することは罪ではありませんし，命を育てていく尊い営みを遂行することも大切なことです。

　けれど，**大人になるということは，両立できない二つの「優先すべきこと」にぶつかった場合どちらかを断念せねばならない，という現実を受け入れることです。**似たようなケースで，個人的な理由ではない事情が絡んだこともあります。2011年，就職活動は3年次秋から始まり，4年次の5，6月には大手企業への就活も終わっているのが一般的でした。そこで，事前に「6月」と「9月」の実習期間中の「6月」を選んでいたある大学生は，東日本大震災によって就職活動開始が6月にずれ込んだために「9月に変更してほしい」と実習先に連絡し，ひどく叱られた，といいます。震災があったこと，そのために就職活動の時期がずれこんだことは，この学生のせいではまったくありません。でも，**「大人の社会」**では，そのような事情を考慮すると，別の人を困らせてしまうことになるので，**あえて融通しないのです。「一生懸命やったから」「がんばっているのだから」「悪くないのだから」**という主張は学生のリクツ。そう覚えておくとよいでしょう。

大学生の常識は大人の非常識？

　以上，大きなトラブルになったケースをいくつか紹介しました。みなさんは

どう感じたでしょうか。「これはひどい」と思ったでしょうか。けれど，ここまでの事態にはいたらなくとも，もっと「些末」なトラブルは頻繁に起こっています。そしてこんな「ひどい」ケースは，それらがたまたま複数重なったためなのです。

　では，こうしたひどい事態を生み出す「些末」な問題とはどのようなものでしょうか。実際にあった以下の例を見てみましょう。大学生が「常識」だと思って疑わずに行動する非常識，というものが多いことがわかると思います。

マナー編

> 　電話をかけてくるときに，名乗ることもなく話を始めてしまう。「どちら様ですか」と尋ねても名乗らない。尋ねると電話を切ってしまう。

　携帯電話に慣れた世代は，電話をかけたときにまず名乗る，という習慣がありません。特にスマートホン世代は，電話自体かけた経験がほとんどないかもしれません。**正式な電話では，自分から名乗らなくてはならないことを知っておき**ましょう。またメールでも，「教職のガイダンスはいつですか」といった質問だけ書いておいて，自分の名前も，相手の名前も，挨拶文も書いていないようなケースもあります。メールでは，「件名」には用件の内容を簡潔に示し（大学生ならば学籍番号と自分の氏名も書いておくのがよいでしょう），宛名（○○様／○○先生），あいさつ（教職課程の履修をしている者です），用件（しかじかの内容についてご教示ください，など），結びの言葉（どうぞよろしくお願いいたします），そして最後に差出人名（○○学部　学籍番号　氏名）を，適宜改行しながら書くのが「常識」です。

> 　事務の窓口に相談に来たので，詳しく説明しようとすると，「時間がないので手短に」と言う。「私，これからバイトなんで」など，自分の都合を押し付けてくる。

　人に教えてもらおうとしているのに，自分の都合を押し付けています。「事務の人は説明するのが仕事なのだから，顧客の学生の都合に合わせて当然」という態度の学生が，ごくまれにいます。たしかに大学事務にとって，相談にのることは業務の一つです。相談業務を正しく遂行するためには，一定の時間を

要します。ですから，「バイトだから早く終わらせてほしい」と言うことは，大学の業務の妨害になっています。

手続き編

> 「生協に『返信用封筒』という封筒が売っていなかった」と訴えてくる。

「返信用封筒」なるものがなんなのかを知らない学生の例です。知らないことがあるのは仕方がないですが，**まず自分で調べる習慣をつけましょう**。他にも，複数枚の切手を貼るときにすべて重ねて貼ってしまう，自宅のポストをチェックしない（そのため大学からの連絡書類に気づかない），「簡易書留」とは何かを知らない，などの例があります。たしかに大学生の生活の中に，手紙を出したりはがきを送ったりすることは，あまりないかもしれません。ですが，「大人」としてこれらは当然知っておくべきことです。知らないのならその場で調べる。この習慣をつけることから始めましょう。

> 振り込み領収書や証明書を保管していない，「なくしました」と平然と言ってくる。

自分の行動は，自分で立証しなければならないのが「大人」です。そして証明書や領収書は，悪用を避けるために，基本的に再発行してもらえないものです。自分のうっかりのミスが「とりかえしのつかないことになる」という自覚が足りないと，教員免許そのものが取れなくなってしまいます。

> 提出書類にコーヒーなどのシミがついていたり，カバンの中で折れ曲がって「グシャグシャ」の状態で出してくる。

大事な書類は丁寧にあつかう。たとえば本屋さんで買った本が，レジで折り目をつけられたり，表紙にシミをつけられたとしたら，不快な思いをしながら交換を頼むはずです。もう二度とその本屋にはいかないかもしれません。書類も同じです。**教職の書類は，「教員免許がほしい」というみなさんのために，事務や実習先の先生や大学教員らが，わざわざ時間をとってチェックしたり書いたりしているもの**です。しわくちゃにならないよう，クリアファイルをカバンのなかに常備し

3　ケースに学ぼう　　35

ておく習慣をつけましょう。

> 大学では『教育実習の手引き』という冊子を配布しているが，手続きについて事前に冊子の説明を何も読んでこず「どうすればいいのか教えてください」と窓口で尋ねる。

　事務職員は，冊子を一緒に開き，どこを読めばよいのかだけ教えて，自分で手続きを調べるように伝えました。「困ったことがあったらまず相談を」というルールを，「わからないことは自分で調べたりせず誰かに教えてもらおう，その方が楽で間違いがない」ということだと勘違いしているようです。みなさんが就こうとしている**教職**は，生徒に知識や思考力を育むために，**教員自らさまざまなことを調べ，研究し，それを生徒に提示していく**仕事です。わからないことはいつも誰かに手取り足取り教えてもらう，という姿勢では，授業ができるようにはなりません。

> 書類のコピーを取ってくるよう伝えると，「事務室のコピー機でコピーしてください」「コピー機の費用は私たちの授業料で払っているはずだ」と詰め寄る。

　もしも大学生が事務室の無料コピー機を自由に使えるようになったら，おそらくそのコピー機に人が群がり，事務の本来の業務を妨げてしまうでしょう。そして，コピー機の増設や事務職員の人数を増やすなどの措置が必要になり，授業料はもっと値上がりします。

> 「なんか手続きが必要って，友だちに言われたんですけど，なんですか」と事務の窓口にくる。

　そもそも教員免許をとるのは自分ですから，「友だちに言われた」から来るのも，それが「なんですか」と聞かないとわからないことも，大いに問題があります。**当事者意識**がない学生だ，と事務職員に問題視されて，名前やその行動内容を記録されてしまうのです。

　こうした例を読んで，「なんとひどい」とみなさんは感じるでしょうか。それとも，「あ，まずい，自分にも心当たりが」と思うでしょうか。ある大学で

36　　　　　第 2 章　教師の資質とは何か

は，提出書類の期限ミス，書類不備などの学生は約3割にも及ぶそうです。は
たして本当に自分は問題なく種々の処理ができているか，考えてみてください。

4 教育実習に行く前に必要な2種類の自己分析

ここまで，教育実習にまつわる学生のマナー，言動，生活面でのさまざまな
NGを見てきました。それらがNGである理由も，おおよそわかったと思いま
す。**「何事も，自分中心に考えてはいけないのだ」**。共通するルールは，これ一点に
つきます。

さて，ではどうすればこうしたNGを出さなくなるのでしょうか。繰り返し
になりますが，それは，ひとえに「練習」「日々のトレーニング」しかありま
せん。ただ，やみくもにトレーニングしたからといって，問題が解決するわけ
ではないこともたしかです。そこで必要なのは，「自己分析」です。特にここ
でしてほしいのは，**「自分の現在のレベル」**測定と，**「自分の認知タイプ」**の分析で
す。

自分の現在のレベル

まず，自分の教育実習に臨む姿勢はどのぐらいのレベルに達しているかの測
定です。ここでは三つのレベルで考えてみます。

レベル1。教職課程を履修し，**謙虚に学ぼうとする態度を保つ**。まず必要なこ
とはこれです。もしも実習生という立場を勘違いしてレベル1にも達していな
いなら，教員免許の取得は考えない方が良いと思います（ただしこうした姿勢で
いると，教員免許の問題にかぎらず，これからの大学生活や就職活動にも多々，問題が
生じると思います）。

レベル2。これは，態度として教職課程の履修ができるだけでなく，それに
ふさわしい知識を得ているというレベルです。無知は，どんどん調べていくこと
で克服できます。しかし一番難しいのは，「自分は何を知らないか」を知るこ
とです。ですから，**自分から進んで行動に出て，自分の知らない問題に積極的に直面
するようにしましょう**。いつまでも友だちや家族に手続きを代行してもらってい
ては，「書留ってなんなのか」「銀行で振り込むためにはどうしたらいいのか」

4 教育実習に行く前に必要な2種類の自己分析　　37

「ハンコはどこで売っているのか」という「常識」を知らないことは恥ずかしいことだ，と気づけないでしょう。

　レベル3。態度も整え，知識も培ってきたなかで，第2節で述べた**トレーニングをしっかり積んである状態**。ここまでくれば，みなさんはいつでも，教育実習に臨む態勢が整った，と言えるでしょう[4]。

　第3節の最後では，大学の事務で起こりうる問題についていくつか挙げました。これらはすべて，「そもそも実習生という立場を勘違いしているもの」（レベル1未満），「やる気はあるが知識が不足しているもの」（レベル2未満），領収書や証明書を大事とわかっていてもなくしてしまうなど「頭ではわかっていることが実行できないというもの」（レベル3未満）といったレベルに大別できます。また，第2節では，「先生らしくふるまえること」としてチェックリストを挙げました。これらが「できない」場合は，その原因も，上のようなレベルに大別できるでしょう。そこで，自分がうっかりやってしまうNGはどれなのか，チェックリストで「できないこと」はなんなのかを探り，その原因が，どのレベルの問題なのかを見てみましょう。

自分の認知のタイプ

　レベル3に到達するためのトレーニングを積むうえで，「**認知のタイプ**」を把握しておくことは重要です。認知とは心理学的には，知覚（知覚器官が刺激を受容すること。たとえば今この本のこのページを見ること）した情報がなんであるのか，意味を判断する（「このページは『ベストをつくす教育実習』の38ページだな」と理解すること）という作業です（**認知＝知覚＋意味判断**）。言うまでもなく，私たちは日々さまざまなことを認知しており，この**認知にはすべての人になんらかの生まれつき**の「**クセ**」や「**タイプ**」があります。生まれつきですから，少しトレーニングを積んだり知識を習得したりするだけでは，そのタイプは変わりません。

　4　逆にいえば，実習に臨む態度としては，レベル3まで到達していなければ，第1章で述べたところの制度的側面からみた「実習校の教育活動を妨げることのない」水準に達したとはいえないのです。他方，第Ⅱ部以降では，指導案や教職専門性のレベルを3段階で提示します。教科指導に関しては，必ずしもレベル3に到達していなくても，実習に臨むことができる水準です。

そして，このクセやタイプによって，教育実習で起こしてしまいがちなトラブルの種類も変わってきます。

　ここでは特に，教育実習の作業に関して，トラブルを起こしやすいタイプの一部を紹介しておきます。自分はどのタイプに該当するのかを考え，自分なりの対処法を身につけましょう。

注意が散漫になりやすいタイプ

> 　忘れ物やなくし物が多い，書類などの整理が苦手，といった人が当てはまります。理由は，新しい刺激に対して敏感だから。**新しいことはどんどん思いつくのですが，その前まで考えていたことがおろそかになりがち**です。その結果，手続きを忘れたり，同じようなミスを繰り返してしまったりします。

　「持っていくものはリストアップする」「なくしてはいけないものは必ず同じ場所に置く」「カバンにクリアファイルを常備しておきもらった書類はとりあえずファイルに入れる」「スマホのリマインダー機能をこまめに使う」など，指示されたらその場ですぐに対処できる方法を考えましょう。最近はスマホ用の便利なアプリが増えています。活用しましょう。

衝動的なタイプ

> 　よく考える前に判断，行動してしまうタイプです。すぐに行動してしまうので，**反応が速い反面，段取りを順番に考えることが苦手**。生徒たちには「説明が不十分」「ついていけない」といった混乱を引き起こしてしまいます。また，思ったことをすぐに口に出してしまうこともあり，悪気はなくともうっかり人を傷つけたり秘密をもらしてしまったりします。

　行動する前に一呼吸置く，思いついたことをまず紙に書いて整理する，といった習慣によって，衝動性は多少和らぎます。ただ，「衝動性」を本当にコントロールするのはとても困難です。ですから，トラブルが生じて，**まずいと思ったときにはすぐに上の人に報告し関係者に謝る習慣をつける**ことも大切です。

4　教育実習に行く前に必要な 2 種類の自己分析

先のことを想像することが苦手なタイプ

> 現在すでに起こっていることは理解できるのに，これからのことは想像するのが苦手，というタイプです。これからおこなわれる（つまりまだおこなわれていない）ことを想像することができないので，「こういうことも起こるかもしれない」「万が一こうなったら」，と**前もってさまざまな可能性を考えた準備をしておくことが苦手**です。

　これからすべき行動を事前にリハーサルしてください。リハーサルで「現在すでに起こっていること」にしてしまえば，きちんと理解ができるはずです。ただし，すべてのことをリハーサルすると，とても時間がかかります。何事にも，あらかじめ時間をたっぷりとっておくようにするとよいでしょう。

言葉を文字どおり受け止めてしまうタイプ

> 「言外のニュアンス」を想像することが苦手なため，社交辞令や冗談なども言葉どおり受け止めてしまいます。**コミュニケーションが苦手で，人間関係のトラブルが多くなりがち**です。「早めに来なさい」と指導教員に言われて「始発で」と朝4時半に来てしまい，警備員に止められてしまったというケースもあります。本人としては普通にしているつもりなのに，まわりから「挙動不審」と思われてしまう可能性があります。

　指導教員には，「では何時に来ればよいか」など，行動内容を具体的に聞くようにするとよいでしょう。その際に，「**自分は言葉のニュアンスを感じ取るのが苦手なので，はっきり指示してほしい**」と伝えておくとスムーズにいくでしょう。また，コミュニケーションが苦手で雑談ができなかったり，つい場の空気をこわすことを言ってしまいがちな場合は，**とりあえずニコニコと愛想よくしておく**，というのも，実習のような期間限定の場では有効な対処方法です。

情報の処理や記憶が苦手なタイプ

> 文字情報，映像情報，音声情報。さまざまな情報の記憶や，それらの情報の順番などの記憶が苦手です。実は**人はだれでも，これらのいずれかの情報処理・記憶は得意で，いずれかのものは苦手**です。ですから，単純に「記憶が苦手」というだけではなく，**どのタイプの情報の処理・記憶が苦手かに目を向けることが重要**です。

タイプによって，人の顔がなかなか覚えられないとか，そのときの情景は覚えていても会話は覚えていられないとかいったことが起きます。生徒は「先生は生徒の顔や名前，以前言ったことは覚えてくれていて当然」だと思っています。ですから，忘れられてしまった場合には，大きなショックを受けます。

　生徒の顔は写真などをつかって覚えるようにする，生徒との会話はメモするようにするなど，苦手な種類の情報はそのつど記憶をたしかにする努力をしましょう。また，自分が苦手だと思う記憶分野に関しては，「苦手だぞ，しっかり覚えよう」と注意するだけで，記憶できる量がかなり増えます。

読みにくい字しか書けないタイプ

　自分の書く字が読みづらいものでないか，周りの人に聞いてみてください。たんに練習不足で「へた」な人，面倒くさがりで「汚い」人はある程度の努力で直りますが，「文字を認識する」ことの困難な認知タイプのために**「生まれつき字を上手に書けない」**人がいます。

　どんなに苦手な人でも，ボールペン字を習う，などの工夫をすればかなり改善します。文字改善のための専門のトレーニングをしましょう。また，使える場面ではなるべくパワーポイントを使うなど（→第7章），利用できる機器を活用することもおススメです。

　以上，教育実習でトラブルを引き起こしやすい認知タイプを紹介しました。自分に当てはまるものはないでしょうか。まず自己点検をしてみてください。さらに，周りの人にも聞いてみてください。認知というのは，自分にとってはそれが当たり前なので，自覚できないままのことが多いからです。

　また，自分のタイプを知ったからといって，ネガティブになることはありません。**こうした認知のタイプは，自分の強みでもあります。**注意散漫だったり衝動性の高い人はアイデアが豊富ですし，想像することが苦手な人は丁寧に準備することに向いています。それぞれの特性が起こしやすいトラブルと同時に，その強みを知ることで，より適したトレーニングができるはずです。

4　教育実習に行く前に必要な2種類の自己分析　　41

5 はつらつとした人になる──まとめにかえて

　現在の自分のレベルをはかると，これから実習までに克服しなくてはならない「量」が見えてきます。自分の認知のタイプを知ると，自分がどのような努力をしなくてはならないか，「方向性」が見えてきます。あとは，その方向で，量を満たすべくトレーニングを続けるだけです。

　最後に，教育実習先からの学生の評価を見ていて，どのレベルの学生であれ，どのような認知のタイプであれ，必ず求められることをお伝えしておきます。それは，「ほがらかに，はつらつとしていること」です。知力が高く，字も丁寧で，事務処理も丁寧だとしても，大人しくて自分から人に話しかけたりできない，笑顔が少ない学生は，実習先で高く評価されることはまずありません。

　それは**教師という仕事が，数十人の生徒たちの行く先を指し示し導く（指導）役割を担っている**からです。また授業では，生徒たち一人ひとりにしっかりと届く声量と声の質とが求められるからです。さらに，教員同士という観点でみれば，**教師の同僚性**が求められる現在，**「一緒にいて快い人であること」**は不可欠だからです。

　とはいっても，むやみやたらに明るい人になれとか，ジョークを飛ばして笑いを取れとかいうわけではありません。人にはそれぞれのキャラクターがあり，**自分なりの「さわやかさ」「はつらつさ」を探せばよい**のです。基本的に笑顔でいること。きびきびと動くこと。言われたことを素直に聞くこと。「ありがとう」「わかりました」という言葉を明るく言うこと。こうした小さな「動作」が，みなさんを，「(いつか) 先生に (なるのに) ふさわしいさわやかな人」に仕立ててくれ，生徒からも指導教員からも，気持ちよく接してもらえるようになるはずです。

　さて，ここまで，教師としての資質に必要な私たちの生活面の準備を見てきました。次章からはいよいよ，実際の実習でのふるまいについて，特に教科指導の観点から見ていきます。

第**3**章 「教職専門性」の基礎を問われる実習生
——プロは厳しく評価する

　前章では，教育実習に行くまでにできなくてはならないことを，子細に説明しました。大人としての自覚あるふるまいが求められていることがよくわかったでしょう。これに加えて実習先の先生方は，「この実習生は，**教職専門性**の基礎ができているか，それを伸ばせる資質があるか」と，厳しいプロの目で評価しています。

　この点をまず，毎日書いて提出する教育実習日誌の実例から確認します。実習生の記入に対して指導教員はどんなことを書いて返しているのでしょうか。それを読むと評価ポイントが浮かび上がってきます（第1節）。

　指導教員は，一人ひとりが好き勝手に評価をしているわけではありません。各自治体の教育委員会も含め，長い年月をかけて集団的な議論のなかで形成されてきた，オーソドックスな**評価規準・評価項目**があります（第2節）。

　その評価規準・評価項目をもとに付けられた教育実習成績報告書はどうなっているでしょうか。データを分析すると，教育実習生は何が苦手なのか，全般的な傾向がわかります。そこからは，みなさんが特に力を入れて養うべき力量は，教材研究と教科指導の技術であるという結論が出てきます（第3節）。これらを第Ⅱ～Ⅲ部（第4～9章）でじっくり磨きます。

1 指導教員はどこを見ているか

Fさんの実習日誌へのG先生の書き込み

　教育実習日誌のフォーマットは，どの大学でもだいたい同じです。始業前か

ら1時限目，2時限目……6時限目，放課後にかけて何をしたか，また，実地研究での着眼点，研究事項，反省事項を，A4で1〜2ページ，書き込みます。それに対して指導教員はきわめて忙しい毎日の合間を縫って，数行のアドバイスを書いて返します（→第2章第1節）。

したがって，乱雑で読みにくい字，「関連書を読んだ」といった具体的に何をしたのかわからない大ざっぱな記録，「感激した」「面白かった」など単なる感想に終始した記述——これでは，指導教員は具体的助言ができず困惑します。だから実習生は，自他の行動＝事実を詳細に記録し，それに基づく自己省察や挑戦課題について書く必要があります。すでに第2章で述べたように，教育実習「日記」ではなく「日誌」，業務の一環なのですから。

言うまでもなく，決められた提出日時に遅れるなど論外。**時間厳守は事務能力の基本中の基本**です。実習日誌は，実習生が指導を受けて成長するためのツールであると同時に，人としての誠実さ・几帳面さの有無が伝わるツールでもあるのです。

実習日誌は重要なコミュニケーション・ツールなのです。

そのことを，実際の実習日誌（の一部）で見てみましょう。**表3-1**は，高校2年生の日本史を担当したFさんと指導教員G先生の事例です。この文章を読んで，気づいたこと・考えたことを，以下を読む前に挙げてみてください。

ここからわかることは少なくとも8点あります。

第1に，G先生は，**教材研究**や**教科指導の技術**の細部に留意して懇切丁寧に指導しています。教科書以外にも関連書を読み込んで教材研究をしなさい，他の実習生の授業参観をもっと自分に引きつけて参考にしなさい，配布プリントに教科書や資料集のページを入れなさい——自分の仕事だけでも大変なのに，ここまで実習生のために労力を割いています。

第2に，G先生は何度も，Fさんの知識不足と説明力不足を指摘しています。Fさんが，友だちとお喋りするときのような曖昧な言葉を使ってしまい，生徒の理解を妨げてしまうのは，**あらゆることを調べ尽くして，自分が説明できないことはない**というところまで徹底的に準備していないからだ，とG先生は言いたいのです。だからG先生はほぼ毎日，「準備しすぎることはない」と繰り返しています。Fさんも自覚していますが，「自分の勉強不足，知識不足で最後ま

44　第3章　「教職専門性」の基礎を問われる実習生

表3-1　教育実習日誌の例

日　程		Ｆさんの記入（一部）	Ｇ先生の記入（一部）
1	月	教育実習の初日ということで，Ｇ先生がどのような授業の進め方をするのか，同じ単元を違うクラスで行う際に違いはあるのか，授業中の注意の仕方はどうすればよいのか，の３つに着眼して授業参観に臨んだ。（後略）	授業内容は同じでも，やはりクラスによってスピードや説明の仕方に差をつけなくてはなりません。残念ながら居眠りをする生徒はいます。気がついたら注意してください。（中略）毎時間真剣勝負です。授業準備をしっかり！
2	火	午前中は教材研究に充てた。昨日のＧ先生の授業を参考に学習指導案やプリントを作成したが，あまり進まなかった。もっと時間をかけて丁寧に作らなくてはならない。 　午後はＨ先生の授業を参観した。同じ単元でも進め方（スピードや生徒の当て方）が違っていたので参考になった。（後略）	授業スタイルは十人いたら十人の方法がありますね。いろいろな教員のスタイルから学んで，「自分はこれだ」というスタイルを早く見つけることです。ただし，基礎的な知識がないと授業にならないので注意すること。自分がわかっていないことを生徒に理解させることはできませんよ。（後略）
3	水	今日の授業参観では，生徒の反応に着眼した。文系クラスではそこそこ反応があったが，理系クラスではほとんど反応がなかった。盛り上がったのは，クジで将軍を選んだという，嘘のような本当の話であった。こういう話を盛り込むことで，生徒を惹きつけることができるのではないかと思った。（後略）	いまのうちに教材研究をしっかりやっておいてください。基礎的なことがわからないと話になりませんから。まずは，いろいろなものを読んだり見たりしてしっかり準備してください。授業テクニックはその次ですから。
4	木	略	略
5	金	略	略
6	土	略	略
7	月	今日は初めての教壇実習を行った。準備をしていたつもりだったが，本番は思ったとおりにはいかなかった。反省する点は多くあるが，大きく分けて２つある。１つめは，時間が余りすぎた点。昨日と一昨日でリハーサルをした際も時間は余ったが，板書や説明をしていたら大丈夫だろうと思っていた。（中略）２つめは，誰を指名するかあいまいであったこと。生徒全体にいきなり「答えて」と言っても答えてくれない。（後略）	初めてで思ったとおりに授業がいくことはほとんどないので安心してください。繰り返し，準備してくださいと指示したのは，余裕をもって授業をするためです。準備をしていなければ本当に内容のない，薄いものになってしまいます。教科書に書いてあること以上の知識をもちあわせていなければ，中身のあるものにはなりません。

1　指導教員はどこを見ているか　　45

日	程	Fさんの記入（一部）	G先生の記入（一部）
8	火	6限に，政治経済の教育実習生の授業を見学した。日本史と政経では教える内容は違うが，用語をわかりやすく説明する点は同じである。見学をふまえて考察したことは2点ある。1点目は板書について。生徒からどう見えるかを意識して書くことが大事である。2点目は，曖昧なまま説明しないことだ。自分がその言葉の本質を理解していないと，生徒も当然，理解することはできない。（後略）	他の実習生の授業を見学して，自分の授業をふり返ってみて，どうなのか？評論家ではなく，もっと自分に引きつけて考えてみること。歴史の流れなり，基本事項について，十二分に理解して，それを生徒に理解させるためにはどうすればよいのか。あくまで自分が主体であり，授業実践でどのように反映することができるのか。課題はたくさんあります。しっかり取り組みましょう。
9	水	略	略
10	木	略	略
11	金	昨日の教壇実習から改善した点は2点ある。1点目は，教科書の何ページをやっているのかを板書した点だ。もう1点は，机間指導を片側だけでなく両方やり，寝ている生徒を起こした点だ。板書する必要がない内容のときに，歩きながら説明することによって，その時間を確保した。私が近づくと顔を上げて見てくれるので効果は感じられた。（後略）	黒板にページを書くのもよいですが，プリントにも教科書や資料集のページ＝範囲を書き込むと，もっとわかりやすいでしょう。私のプリントには記していたはずです。机間を回りながらの説明は，生徒がわかりやすいようにしなければ気が散り，説明がわかりにくくなる可能性もあるので要注意です。
12	土	教壇実習を2クラス行なった。（中略）今日の授業では漢字のミスがあった。板書はみんなが見ているものであり，間違えてはいけないところである。（後略）	（前略）いつも注意していますが，自分が説明するその内容を十二分に理解していなければ，生徒への説明は不充分になります。当然です。だから準備をするのです。準備しすぎることはないのです。
13	日	今日は体育祭だった。教師として参加したこの体育祭では，運営にあたっての難しさ・大変さがわかった。（中略）出場種目のない生徒たちがダラダラしていたので，教師が生徒を注意して運営を助けてあげることがとても大切だとわかった。（中略）運営にあたり，事前から先生方の間でも多くの会議がなされ，雨の日はどうするかなど細かいところまで決められていた。このような準備があってこその行事であると痛感した。	教員サイドの行事の取り組みは当然，違っていますね。行事を成功させるためには，本当にいろいろなことに注意をはらって準備を進めていかなければならないことが少しでも理解できたのであれば，良かったですね。 　教員の業務はいろいろあります。授業，クラス運営，生徒指導，クラブ顧問，行事，保護者対応などなど。授業だけでも大変なのに，です。教員になるのは本当に難しいですよ。

日　程	Ｆさんの記入（一部）	Ｇ先生の記入（一部）
14　火	今日は２クラス教壇実習を行なった。最後の授業であるため，これまでの反省を活かして行った。気をつけた点は，時間配分と語句の説明。時間配分は，リハーサルの際に時間が余ってしまったので，無理に引き延ばすのではなく，新しい単元に入ることも頭に入れていた。その点，時間配分は自分なりにうまくいったと思う。 　語句の説明に関しては，やはり詰まると自分の言葉で話してしまい，自分でも何を言っているのかわからなくなる場面があった。自分の勉強不足，知識不足で最後までいいようにはならなかった。今後の課題であると思う。	最後の最後までご苦労様でした。ペース配分を変えるのは良いと思いますが，授業の終わりにまとまりがなくなるのはよくありません。生徒にとっては，わけがわからなくなってしまいます。 　説明する言葉については，やはり，自分がどれだけ本を読んだり，基礎的な用語を理解しているのか。「自分の言葉で」といっても，くだけすぎてはいけません。知識を正確に説明するには，友だちや仲間感覚の言葉ではできません。 　今後のために，日々努力です。

でいいようにはならなかった」と最終日も反省しています。

　第３に，Ｇ先生は，生徒の立場・視点に立った，**生徒とのふれあい**のある指導を重視しています。それは，居眠りをしている生徒がいたら起こしてあげてくださいとか，教室を歩きながらの説明はかえって生徒の気が散るかもしれない，といった指摘に表れています。

　第４に，Ｆさんは日々一生懸命努力し，自己改善に努めています。**教職への熱意・関心**をもち，**誠実な勤務態度**で励むこと，これは実習生として，できて当然のことです。

　第５に，Ｆさんは先生方や他の教育実習生の授業を，**テーマ（着眼点）をもって参観しています**。それを**授業記録としてノートにとっている**から，詳細な日誌が書けます。実習生は，他者の**授業参観（観察実習）**をして自分と比較することで，初めて気づくことが多々あります。しかし，ただ見に行くという態度なら，「すごかった」「うまかった」という単なる感想で終わってしまいます。

　第６に，Ｆさんは授業のリハーサルを繰り返しています。学習指導案やプリントができたら授業の準備は終わり，ではありません。リハーサルをすると，「思ったより時間が全然足りない分量だ」といったことがわかるので，そこか

1　指導教員はどこを見ているか　　　47

ら指導案を練り直します。このプロセスは非常に重要ですので，第7章で詳しく説明します。

第7に，漢字やスペルのミスはあってはならない。「板書はみんなが見ているもの」。そうです，間違ったことを生徒に教えてはならないのです。そこには，書き順も含まれます。**書き順を間違うと，生徒の集中力を削いでしまいます。**

第8に，教師は多面的な仕事に関わり多忙であることです。13日目の体育祭の記述からそのことがわかります。教師は，授業だけではなくクラス運営や保護者対応といった<u>学校経営</u>に関すること，行事やクラブ顧問なども含めた<u>生徒指導</u>をも，精力的にこなさなければなりません。

教職専門性が必要だ

ここまで読んで，「なんだかすごく大変そうだ。でも，自分は一生懸命頑張るつもりでいるんだから，その努力は認めてほしい」と思う人がいることでしょう。それは自然な気持ちだと思います。しかし，どこか学生気分が抜けていないのではないでしょうか（第2章第2節）。実習生がなすべきなのは，「自分がしている努力は，本当に生徒のためになっているのかな？」と，努力の方向性や中身について自問することです。

つまり，まなざしを，自分から生徒たちに向ける。「努力を認めてほしい」という自分の気持ちはちょっと脇に置いて，「どうすれば目の前の生徒たちが授業をより良く理解できるか」（**授業力**。第4章も参照），「どうすれば一人ひとりの良さを伸ばし，至らない点をより良く支援できるか」（**生徒理解**。第9章も参照）といった，他者中心的視点をもって努力することです。これが**教職専門性**を養うことの根幹にある心構えだと思います。

誤解しないでほしいのですが，**授業力と生徒理解とはバラバラなものではありません。**「授業は下手だけど，生徒理解は得意だ」などということはないのです。生徒のことを理解しないで，どうして良い授業ができるでしょうか。良い授業によって生徒の潜在能力を引き出さずして，どうして生徒を理解できるでしょうか。授業力と生徒理解は相乗効果によって向上していくものなのです。

そのためにも，授業力の基本中の基本を大事にしましょう。漢字やスペルのミスは御法度だと述べました――「御法度」，読めますか。漢字が読めなかった

48　　　第3章　「教職専門性」の基礎を問われる実習生

図3-1　ボキャブラリー・チェック

1 以下の漢字の誤りを訂しなさい。

 a 生従の責極性を延ばしたい。
 b 今日も講議で熟垂した。
 c 以外な転開に興味深々だった。
 d 訪問先の火事から危機一発で逃げた。

2 次の語に正しい読みがなをふりなさい。

 a 有無　b 相殺　c 教諭　d 未曾有

3 次の言葉の意味の違いを説明しなさい。

 a つましい－つつましい
 b 辞典－事典
 c 適性－適正
 d 適格－的確

4 次の漢字を正しい書き順で書きなさい。

 a 飛　b 必　c 右　d 歴

り間違ったりするのは，**教養つまりボキャブラリーが貧困な証拠**です。読書が足りないから「ボキャ貧」のままなのです。Ｆさんが漢字を間違えたことと，教科書以外の本をもっと読まないといけない，とＧ先生が指摘したこととは密接に繋がっています。

　図3-1の16問を解いてみてください。12問以上正解が「合格」です。11問以下の人は，このまま教育実習に行くと大変なことになります。漢字ドリルで復習しましょう。

2　教育実習生を評価する制度的枠組み

教育実習成績報告書

　本章の冒頭でも述べたように，教育実習生の評価には制度的な枠組みが存在しています。教育実習に行く際には，「教育実習成績報告書」の白地（未記入の紙）を，大学が実習校に送るか，みなさんが直接手渡すかします。実習先の先生方は，実習終了後に校内会議を開いて議論し，校長が最終決定をします。こうして記入した「教育実習成績報告書」を大学に返送します。大学は，その内容をふまえて，総合的に教育実習の成績をつけます。

　「教育実習成績報告書」では何が評価項目（評価ポイント）となっているか。それは前節で太字にして下線を引いた部分です。いま一度，戻って確認してみてください。そのうえで，**図3-2**や**図3-3**の内容と照らし合わせてみましょう。

2　教育実習生を評価する制度的枠組み　　49

実習校は，その学校が所在する自治体（都道府県や市町村）の教育委員会から，教育実習に関する指導・助言を受けています。そのため教育委員会は，教育実習生の評価方法について，ガイドラインを設定しています。

教育実習生の評価方法——教育委員会の指導・助言のもとに

一例として，山口県教育委員会のガイドラインを見てみましょう（図3-2）。

2つの語句について解説しておきます。図3-2のなかの「実習記録」とは「実習日誌」，「査定授業」とは「研究授業」のことです。研究授業とは，指導教員のみならず，学年主任や教科主任，さらには校長や教頭などの管理職も参観し，終了後の講評会などでコメントなどをいただく授業で，実習期間の終盤になされます。

山口県教育委員会による10個の評価規準は，前節でG先生が重要だと指摘した点と重なっていることが明らかです。教育実習の評価は，授業やホームルームでの指導力，学習指導案の出来具合，実習日誌の書きぶりや教員との打ち合わせなど，さまざまな角度からなされます。

続いて「評価点（評価尺度）の例」を見てみましょう。ここからわかるように，「度重なる具体的な指摘」，つまり，「ああしなさい，こうしなさい」といった指摘をしょっちゅう受けている人は，たとえ改善できたとしても低い評価しか得られません。

あるべき実習生の姿は，「適時の助言」，つまり，たまにアドバイスを受けるだけで，あとは自分で噛み砕いて工夫し改善ができることです。それが充分なら優（A），悪くなければ良（B），不合格にはしないけれど……なら可（C），教員としての適性・力量に欠けるなら不可（D），です。ちなみに可（C）は，実質的には不可，というのが一般的な了解です。

可（C）になるのは，もしかすると力量はあるのかもしれないけれど，態度が悪く努力を怠っていると見なされたケースや，素直に真摯に頑張ったけれども，かなり適性・力量に欠けると見なされたケースなどがあります。努力を評価したいのが教師ですし，心を入れ替えたら発揮されるかもしれないポテンシャルを評価したいのが教師です。そんな思いが渦巻いて，（D）ではなく（C）評価とすることが多いように思います。

図3-2 山口県教育委員会「教育実習実施に当たってのガイドライン」

	評価項目	主な着眼点（評価規準）	評価材料	評価点
実習態度	倫理観	①無断欠勤・遅刻等をせず，挨拶，服装，言葉遣い等，社会人としての基礎が身についている。	実習態度 実習記録等	
	自己研鑽への意欲 チャレンジ精神	②指導担当教員等からの指導や他の実習生からの助言を改善につなげ，何事にも積極的に挑戦しようとする姿勢がある。	実習態度 授業後協議 実習記録等	
学習指導	（幅広い）教養 専門的知識 技能	③観点をもって授業を観察し，自分の取組に活かそうとしている。	実習態度 実習記録等	
		④教材内容について十分理解し，児童生徒の実態を踏まえた授業計画を立案できる。	学習指導案 査定授業等	
		⑤発問や説明，板書，児童生徒への適切な対応など基礎的な指導技術を身に付けている。	査定授業等	
児童生徒理解生徒指導等	児童生徒の 　共感的理解 人権尊重の精神 豊かな社会性 コミュニケーション 　能力 生徒指導に係る 　指導力 教育的愛情	⑥児童生徒と積極的に関わりをもとうとするなど，児童生徒の理解に努めようとしている。	学級指導 査定授業等	
		⑦児童生徒の声を受け止め，受容的・共感的な態度で接し，良好な関係を築くことができる。	学級指導 査定授業等	
		⑧必要に応じて毅然とした態度で児童生徒に接し，個別や学級等の集団に対して適切に指導することができる。	学級指導 査定授業等	
教職への熱意	使命感 情熱・熱意	⑨学校の仕組みや教員の仕事の内容，さらには職責を十分に理解している。	実習態度 実習記録等	
		⑩教職への熱意・関心，実習への主体的取組が見られる。	実習態度 実習記録等	
			総 合 評 価 点 ➡	

評価点（評価尺度）の例

0点……指導担当教員等からの度重なる具体的な指導を受けても，評価規準を達成できない。

2点……指導担当教員等からの度重なる具体的な指摘を受けることで，評価規準をようやく達成できた。

4点……指導担当教員等からの度重なる具体的な指摘を受けることで，評価規準を達成できる。

6点……指導担当教員等からの適時の具体的な指摘を受けることで，評価規準を達成できる。

8点……指導担当教員等からの適時の助言を受けることで，評価規準を達成できる。
10点…指導担当教員等からの適時の助言を受けることで，評価規準を効果的に進めることができる。

総合評価点の例

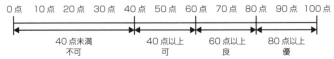

（出所）山口県教育委員会ウェブサイト：http://www.pref.yamaguchi.lg.jp/cms/a50200/yousei/jissyuuguide.html，2016/11/14。

3 統計データから見る実習生の弱点

実習生の弱点をデータで確認

「うわ，こんなに細かいところまで見られるのか」。こんな感想を抱いた人もいるでしょう。けれども，**教職専門性**の基礎ができておらず，それを伸ばせる資質もなさそうな人に教わりたいとは，みなさんは思わないはずです。学校が制度全体として，質の高い学習をする権利を児童・生徒に保障するよう，先生方が厳しいプロの目で教育実習生を見るのは当たり前なのです。

では，教育実習生は，どんな力が弱いのでしょうか。その全体的な傾向が把握できたら，みなさんが対策を立てて対処することに役立つでしょう。そこで本節では，I大学の実習生たちの成績評価のありようを，表やグラフで確認していきます。

図3-3に示すのはI大学の評価項目です。これらは，I大学が所在する東京都のガイドラインを参考にしつつ，独自に作成したものです。8項目がA,B,Cで評価されます。総合評価はA,B,C,Dの4段階で，Dは不可です。また，各所見と総合所見が文章で記されます。

以下の分析では，7学部の文系学部生221人が対象です。次の3点を明らか

---

5 実習校の学校種は，高校が過半数。実習担当教科は，社会科系統が6割をしめ，英語と国語が各々2割弱，となっています。

図 3-3　教育実習成績報告書における評価項目（I 大学の例）

	評価事項	主な着眼点	評価	所見
1	児童・生徒との触れあい	児童・生徒との相互理解を深めるため，親しく話し合ったり，生徒の中に溶け込もうとしたか。	A・B・C	
2	教職への関心	職場・地域等の教育問題に積極的な関心を示し，自主的・協力的に教育活動を進めようとしたか。	A・B・C	
3	自己表現力	自分の考えや意思を，ことば・文字・その他の表現手段でどれだけ明瞭にわかりやすく表現しようとしたか。	A・B・C	
4	教材研究	教材内容について十分な理解を持っているか。教材の選択とか作成，利用の仕方は適切であったか。	A・B・C	
5	教科指導の技術	授業案の立て方，発問や説明など授業展開の工夫，生徒への対応の仕方は適切であったか。	A・B・C	
6	学校経営・生徒指導	個々の児童・生徒や学級の実態の把握に努め，生徒活動や学級の諸活動に参加して，効果的な指導ができたか。	A・B・C	
7	事務能力	学校経営上の事務処理等がうまくできたか。実習記録，その他の書類などを的確に記述し，期限内に提出したか。	A・B・C	
8	勤務態度	常にきまり正しく，誠意を持って仕事に従事したか。実習中，指導教諭などの指導・助言にしたがいどれだけ自己改善に努めたか。	A・B・C	

総合所見		総合評価
		A・B・C・D

3　統計データから見る実習生の弱点　　53

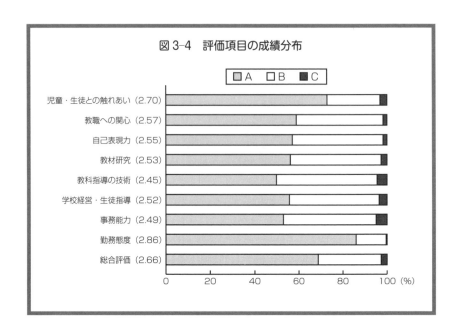

にします。

① 教育実習生全体を見たとき，8つの評価項目と総合評価では，A,B,C,Dはそれぞれ何％くらいなのか？
② 総合評価が高まるための決め手は，8つの評価項目のうちどれだろうか？
③ 教育実習生はどのような力量が弱いのだろうか。そうした力量のあいだには，どのような関係があるのだろうか？

評価の分布——総合評価は個別項目評価より「甘口」

図3-4に，それぞれA,B,Cが何％しめるかを表しました。なお，各項目の右端にカッコ書きされた数字（たとえば，「総合評価」なら2.66という値）は，A＝3点，B＝2点，C＝1点として算出した平均値を意味します。このグラフからわかることは3点あります。

第1に，「勤務態度」と「児童・生徒との触れあい」は評価が高い。前者は9割近くが，後者は7割以上がA評価です（平均点も2.86, 2.70）。第2に，残

表3-2　総合評価とＡの個数のクロス表

(列%)

		Aの個数									合計
		0	1	2	3	4	5	6	7	8	
総合評価	C	5	1	0	0	0	0	0	0	0	6
		35.70	7.10	0.00	0.00	0.00	0.00	0.00	0.00	0.00	2.70
	B	9	13	15	14	9	3	0	0	0	63
		64.30	92.90	100.00	93.30	37.50	9.70	0.00	0.00	0.00	28.50
	A	0	0	0	1	15	28	44	37	27	152
		0.00	0.00	0.00	6.70	62.50	90.30	100.00	100.00	100.00	68.80
合計		14	14	15	15	24	31	44	37	27	221
		100.00	100.00	100.00	100.00	100.00	100.00	100.00	100.00	100.00	100.00

る6項目では評価が芳しくない。A評価は5割台に落ち込んでいます。ワースト1は「教科指導の技術」（授業力）で，A評価は5割（平均は2.45），ワースト2が「事務能力」でA評価は5割強（平均は2.49）です。第3に，にもかかわらず「総合評価」では，ほぼ7割がA評価です（平均は2.66）。つまり，「総合評価」の成績は，個別項目評価と比べると甘めにつけられています。

　その理由としては，「わずか2～3週間の実習では，評価できない部分や，ポテンシャルの部分も多い」と多くの先生方が思われているからでしょう。「総合評価」には，「教職専門性を伸ばせそうな資質があるか」という将来的可能性を先生がどう見ているかを多分に反映していると考えられます。

　指導の先生は8項目を評価したあと，どのように「総合評価」を出しているのでしょうか。先生方の頭のなかを覗くことはできませんが，8項目中Aが何個あるかは，「総合評価」に大きく影響していると考えられます。そこで，Aの個数と「総合評価」の関係を**表3-2**で見てみましょう。Aが6個以上だと，100％の割合で「総合評価」もAです。5個だと90.3％が，4個だと62.5％が，「総合評価」でAとなっています。

　8項目中，4個も5個もAがついても，「総合評価」がAではないのはどのような場合なのでしょうか。Aが5個ついた3人を見てみると（図表略），全員に共通しているのは，「教科指導の技術」がBということです。うち2人はさ

3　統計データから見る実習生の弱点　　55

らに、「事務能力」「教職への関心」がB, 残る1人は「教材研究」「勤務態度」がBとなっています。

　Aが4個ついて総合評価がBなのは9人。全員に共通しているのは、「教科指導の技術」がBということです。うち8人は「教材研究」でB（7人）あるいはC（1人）。9人中5人は、「事務能力」でB（3人）あるいはC（2人）です。また9人中4人は、「教職への関心」でB評価がついています。

　以上をまとめると、次のようにいえます。「総合評価」でAを得るには、Aが半分以上であることが重要であると同時に、「教科指導の技術」が圧倒的に重要な「決め手」であり、そしてこれに、「教材研究」と「事務能力」が続きます。

「教科指導の技術」を左右するもの——「教材研究」と「事務能力」

　ここまでの分析からは、「教科指導の技術」がきわめて重要だということが明らかになりました。もう少し高度で複雑な、重回帰分析という分析を行っても、同様の結果が得られます。つまり、「総合評価」への影響力は、「Aが4個以上ある」＞「教科指導の技術」＞「勤務態度」＞「事務能力」、という順番になります。

　では、「教科指導の技術」を大きく左右するのは何でしょうか。それは、ひとつには準備能力、いまひとつには**教科知**の土台となる幅広く深い知識・教養、です。

　準備能力とは、端的にいって「教材研究」です。教える内容を、教科書や資料集の他にも幅広く調べて深く理解したうえで、学習指導案と教材を作る力量です。これは、実習日誌の事例に登場したG先生がFさんに何度も繰り返して指摘していたことです。「準備しすぎることはない」と。

　しかし、時間には限りがあります。だから**段取り力、つまり「事務能力」**がなければ、学習指導案を期限までに指導教員に提出できず、助言を受ける時間、それをもとに練り直す時間がないまま、中途半端な状態で授業に臨まねばなりません。中途半端な準備は自信のなさを生みます。自信がなければ、防御的でごまかした教え方につながります。このように、「教材研究」と「事務能力」の2つがそろわないと、良い授業はできないのです。

幅広く深い知識・教養が不足していると，どんなに教育実習直前・実習期間中に「教材研究」を頑張っても，「教科指導の技術」の高さとして結実しません。G先生がFさんに，教科書以外の本を読みなさい，と繰り返し助言しているのは，授業に必要な**教科知は，教科書や資料集を読むだけでは充分に培えない**からなのです（第6章も参照）。

4 本章のまとめ——甘い気持ちでは歯が立たない

実習先の指導教員は，いかにシビアに実習生を見ているか。「教科指導の技術」と「教材研究」と「事務能力」とが，どれほど重要か。本章の分析と説明から，よくわかったと思います。「教育実習が近づいたら頑張る」「教育実習になれば本気を出せる」といった甘い気持ちではまったく歯が立たないのです。

したがって，教育実習までに，これらの力量を重点的に磨いておく必要があります。だから，まずは第1章と第2章で，教職課程を計画的に履修しよう，日頃の事務手続きや生活習慣をおろそかにしてはいけない，と力説したのです。

では，「教科指導の技術」と「教材研究」の力は，どうすれば磨けるのでしょうか。それを第II〜III部で学んでいきましょう。

第 II 部　学習指導案の作成と授業展開の技術

　本章から始まる 3 つの章では，プロフェッショナルとして教壇に立ち堂々とふるまえる力量を養うための，具体的・実践的アドバイスをしていきます。「教師になりたいという気持ちは，私は誰にも負けません！」「ほんとうに子供が大好きです！」といった情熱だけでは，空回りして終わります。教職専門性は，豊かな人間性と専門的技術の両輪から成り立っており，これから後者を鍛えていきます。そのためには，本書の冒頭から強調してきたように，自分の実力レベルを把握して，一歩一歩着実にステップアップしていくことが肝心です。

　この第 II 部では，学習指導案作成と授業展開技術について，3 段階のレベルに分けて説明していきます（第 5 〜 6 章で詳述）。先にその 3 段階の全体像を示すと，次のとおりです。

表 II-1　学習指導案作成と授業展開技術の 3 段階目標

要達成項目	レベル1	レベル2	レベル3
a）時間どおりに終わりそうである	☺	☺	☺
b）発問の内容と意図とが明確である	☺	☺	☺
c）生徒の作業・動作が明確である	☺	☺	☺
d）生徒との対話のなかで授業が進められる		☺	☺
e）生徒の興味をググッと引き寄せる工夫がある		☺	☺
f）生徒の思考を適切に流れさせている			☺
g）「ここを頭に残してほしい」というメッセージがある			☺

a）から g）の 7 項目のうち，レベル 1 の 3 項目の意味はすぐにわかるでしょう。ところが，レベル 2 だと「対話って言われても，内容説明と板書でほとんどの時間を使っちゃうよ」とか，レベル 3 だと「思考が適切に流れるって，どういうこと？」「メッセージって，なんのこと？」といったように，いまひとつピンとこない項目があるのではないでしょうか。

　これは，それだけレベルが上がるからなのです。これらの意味をきちんと理解できるためには，学習指導案や授業展開技術に関する勘違いを，解除しておく必要があります。まずは「ボタンの掛け違い」に気づく作業を，第 4 章で行っていきましょう。

第4章 学習指導案の基本
——「ボタンの掛け違い」に気づく

1 学習指導案の構成と作成のポイント

学習指導案の4パーツ

　本章では，授業の「脚本」である学習指導案（指導案，教案とも呼ばれます）の書き方を説明します。学習指導案は，（A）単元計画，（B）毎時の授業展開，（C）セリフバージョン，（D）板書内容や配布プリント，という4つの部分から成り立っています。実は（C）は，類書ではほとんど登場しません。本書では（C）の重要性・有効性を強調したいと思います。

単元計画

　ここに盛り込むのは，**表4−1**に示すような9つの項目です。「なんだ，当たり前のことじゃないか」と思うかもしれません。しかし，いざ書こうとすると，思ったほど簡単ではないことに気づきます。とくに，項目の4，5，7，8，9がそうです。

　まず「4　生徒観」について。みなさんは実習校に勤めているわけではないため，何年何組の生徒たちが，何をどこまで習っていて理解度はどうなのかを知らず，単元計画として中身のあることが書けません。そこでつい，「このクラスはおとなしい生徒が多い」「発表の時間になると活気が出る」といった，雰囲気やムードについて書いてしまいます。しかし単元計画には，まずもって教科指導法における**診断的評価**を書き込まなくてはなりません。つまり，単元の未習・既習や理解度のバラツキなどを，生徒観として明示するのです。

1　学習指導案の構成と作成のポイント　　61

そこで，実習開始以前の指導教員との打ち合わせや，実習第1週目の**観察実習**の期間に情報収集をしましょう。開始以前の打ち合わせでは，「1年3組は女子が元気なんだけど，○○くんに，とくに気をつけてあげて」といった助言もあるでしょうが，「2年生はどのクラスも一次不等式まで終わったけど，係数がマイナスのとき不等号の向きが怪しい生徒が，それぞれ3割くらいいる」といった情報も重視してください。

　また，第3章の実習日誌の例で述べたように，先生方の授業を参観すること（**観察実習**）も，とても重要です。生徒たちの様子もよく観察しましょう。**座席表をいただいておいて**，メモをとるとよいです。元気で発言も多いけれど，深く考えることが苦手なのはどの生徒か。おとなしいけれども一生懸命に取り組んで，着実に理解度を上げているのはどの生徒か。**あらかじめ着眼点をもって**，クラスや生徒の特徴や学習状況をつかんでおきましょう。

　教育実習に行く前の，大学での模擬授業の段階で単元計画を作成する場合には，たとえば自分の中学・高校時代に受けた授業で，どんな内容が難しかったか，何が印象に残っているかを思い出しながら書いてみるのもよいでしょう。

　次に「5　教材・教材観・指導観」について。どの出版社の教科書や資料集を使用するかを書いて終わりにするのではなく，「記述が平板で生徒は興味をもてなさそうだ」「資料が多すぎで消化不良になる」など，**生徒の視点に立って教材を批判的に検討し**，簡潔に述べること。

　続いて「8　単元の評価規準」について。授業は，生徒がなんらかの力をつけるために行うのですから，力がついたかをチェックする規準が要ります。その規準は，**表4-1**に示す4つとされることが多いです（**観点別評価**）。みなさんは，たとえば「思考・判断」なら，何によって「この生徒は思考力を伸ばした」「この生徒は判断力がまだ不充分だ」といった評価をしますか。授業をしていれば，なんとなく様子でわかる，というものではありませんね。力がついたかを評価する観察の観点や測る仕掛けが必要です。

　最後に「7　単元の目標」「9　本時の目標」について。ここは，「新しい人権の成立過程・背景について学習し，新しい人権の意義について理解する」といった，**通り一遍の文章ではなく**，学習指導要領に基づきつつ，それとの関連が明確で，かつ，この箇所を読んだ先生方に「面白そうな授業だな，聴いてみた

表 4-1　単元計画の構造

項　目		内　容			
1	実施日時	何月何日の何時間目か。			
2	授業会場	どこで授業をするか。			
3	学習者	何年何組の何人（男子〇人，女子〇人）か。			
4	生徒観	生徒たちの理解度はどうか。工夫・配慮・留意すべき点は何か。			
5	教材・教材観・指導観	主教材と副教材は何を使っているか。生徒に教えるという観点から，その内容をどう考えるか（難しい，平板である，興味をもちにくい，など）。			
6	単　元	第6節　基本的人権の保障と新しい人権（6時間） A. 〇〇〇…1時間 B. 〇〇〇…2時間 C. 〇〇〇…1時間 D. 〇〇〇…1時間（本時） E. 〇〇〇…1時間			
7	単元の目標	1　〇〇〇〇〇〇… 2　〇〇〇〇〇〇… 「～することができる」「～させる」など具体的に書く。			
8	単元の評価規準	関心・意欲・態度	思考・判断	技能・表現	知識・理解
		その単元への関心・意欲・態度の高まりを何によって見るか。	論理的・分析的思考，総合的判断等を何によって見るか。	学習活動で身につけるべき技能の習熟・発揮を何によって見るか。	基礎的概念の相互関係・規則性・性質等の知識習得や理解を何によって見るか。
9	本時の目標	〇〇〇〇〇〇……			

いな」と思わせるような文章を書きます。

　「9　本時の目標」は，脚本でいうなら，その扉などに書かれているあらすじに相当します。どんなストーリー（物語）の演劇なのか。あらすじを読んで面白くなかったら，観ようとは思わないでしょう。それと同じです。だから，「こんな展開で，こんなオチにもっていく」と，**知的にワクワクさせるように本時の目標を書く**ことです。そのためには，教科書や資料集，新聞や書籍などで調べたことを，どう料理すれば美味しくなるのか，しっかり研究する必要があります。これが第3章で出てきた「教材研究」です。

1　学習指導案の構成と作成のポイント　　63

毎時の授業展開

　毎時の授業展開は，表4-2に示すように，縦方向に時間展開，横方向に内容をとったマトリクス構造をもっています。毎時の授業展開には，**略案と細案（精案）**があります。**初学者のみなさんは細案を書きましょう。**なぜなら略案で済ますと，あいまいにしている箇所があるのに気づかず，授業で大失敗してしまうことがほとんどだからです。

　時間展開は，導入→展開→まとめ，に三分されることが多いです。展開を，展開1→展開2のように細分することもあります。50分の授業なら，導入に5〜10分（出欠確認含む），展開に20〜30分，まとめに5〜10分，といった時間配分が標準的でしょう。予定配分時間もきちんと書き込んでおきます。

　横方向の内容には，「学習内容」「発問・指示」「評価」「指導上の留意点」を盛り込むことが一般的です。「学習内容」には，その授業内で学習するいくつかの事柄を，箇条書きなどで簡潔にまとめます。**「発問・指示」は，具体的に書く**こと。「人権について質問する」や「生徒に54ページのグラフを読ませる」ではダメ。発問ならその具体的セリフや，グラフの読み解きならグラフのどこに注意させるのかを書くのです。

　「評価」は，生徒がどうなってほしいかを書きます（**生徒評価**）。意欲や関心がわいているか（関心・意欲・態度）。知識を習得し，理解が得られているか（知識・理解）。グラフの読み解きなどができているか（技能・表現）。学んだ知識を活用し，考察を深めているか（思考・判断）。このようにして**生徒評価**をすると，「自分自身の教え方はどうだったのか」と，教師自身に戻ってきます。**みなさん自身の授業力が問われる**のです（**授業評価**）。

　「指導上の留意点」は，「発問・指示」や「評価」に関わって，とくに留意すべき事柄を書きます。たとえば，グループワークの時間をとるなら，「机間指導をし，議論の弾んでいないグループには声かけをする」など。

　毎時の授業展開は，**授業の各場面で教師のみならず生徒が何をするのかを具体的に書くことが肝要**です。たとえば，「『人権について班で話し合う』って，何を材料にして何分，話し合うの？」などと周囲の人から指摘されるならば，その指導案はまだまだ全然，練り上げが足りないわけです。1990年代以降提唱されてきた**新学力観**のもと，児童・生徒の意欲や発言・発表が重視されています。

表 4-2　毎時の授業展開				
	学習内容	発問・指示	評　価	指導上の留意点
導　入 （〇〇分）				
展　開 （〇〇分）				
まとめ （〇〇分）				

しかしそれは，「とにかく児童・生徒が話し合えばいい」ということではありません。「『楳図かずおの赤と白のボーダーの家は，近隣住民の環境権を侵害しているか』について，4人の班で20分，話し合う」「この話し合いを通して，環境権について知識・理解を深めつつ，自己表現力も高める」といったように，具体的に書くことです。

セリフバージョン

　教育実習先などで「学習指導案を作りなさい」と言われれば，それは（A）単元計画および（B）毎時の授業展開を指し，（C）セリフバージョンが含められることはあまりないでしょう。けれども**実習生は，セリフバージョンを書かずに毎時の授業展開を書くと，あいまいにしたままの箇所に気づけません。**毎時の授業展開のマトリクスに，「人権について質問する」などと書くと，なんだかできた気になってしまいます。しかし，**セリフバージョンだとごまかしが効きません。**授業中の各場面で教師と生徒が何をするのかを，いかに具体的に考えていないか，痛感できます。だから，指導教員に指示されなくても，導入→展開→まとめ，の大枠を作ったら，セリフバージョンを1回は書いてみるとよいでしょう。[6]

　しかも，具体的セリフや生徒のリアクションを細かく考えていると，「あっ，

6　第2章で，自分の「認知のタイプ」を知っておくことの重要性について述べました。そのなかにあった，〈先のことを想像することが苦手なタイプ〉は，これから行われる（つまりまだ行われていない）授業を想像することが苦手です。このタイプの人はかなり多いと思いますが，セリフバージョンを書いてみることで，少しずつ苦手を克服していけます。

　　　　　　　1　学習指導案の構成と作成のポイント　　　65

この発問がカギとなるな」といったひらめきも生じます。なぜなら第7章で説明するように（p.135），私たちは「自分自身の身体活動によって自分自身に影響を及ぼされる存在」だからです。そのひらめきを毎時の授業展開の「発問・指示」の欄に盛り込めば，授業展開が生き生きと浮かんでくるような内容になります。

　生徒をググッと惹きつけ，考えることの面白さを味わわせることのできる発問。どうしたら，そんな良い発問ができるのだろうか？——これは，授業に熱心な教師が，そのキャリアのなかで追究し続けていることに他なりません。セリフバージョンを書いてみることは，その着実な第一歩となるでしょう。

板書内容や配布プリント

　これらも毎時の授業展開そのものではありませんが，授業では必要となるものです。たとえば毎時の授業展開に「生徒の発言を板書する」とか「プリントの問題を解かせる」と書いたなら，生徒の発言を黒板のどの辺りにどうやって書くのか，プリントに載せるのはどんな問題なのか，を決める必要が出てきます。したがって，毎時の授業展開を作成するときには，板書内容や配布プリントも同時に作り込みます。

まとめ——郷に入っては郷に従え

　以上，学習指導案の4つのパーツについて説明しました。**表4-1**と**表4-2**として示した単元計画と毎時の授業展開は，あくまでも標準形式であり，実習先あるいは指導教員によって，少しずつ違っていることがあります。その場合は，実習先／指導教員の形式に合わせること。ただし，大事なことは変わりません。それを押さえていれば，形式にとらわれずに，現場のやり方にうまく合わせることができます。たまに，「大学で教わった書き方は実習先の書き方と違っていた」と不満げな学生がいます。でも，不満を言っていても何もうまれません。「応用力を試すチャンスだ」と捉えて，自分の実力を伸ばしましょう。

2　学習指導案を書くときの7つの勘違い

ウォーミングアップ——「良い試行錯誤」のために

　学習指導案を書けるようになるには，書いては直し，直しては書くという試行錯誤が不可欠です。しかし，同じ試行錯誤でも，良い試行錯誤と悪い試行錯誤とがあります。後者は単なるムダな努力です。当然，前者を重ねたいですよね。それには，**みなさんの圧倒的多数が陥っている7つの勘違いは何か**，あらかじめ知っておくとよいのです。

　以下，学習指導案の具体例をもって説明します。具体例は中高社会科諸科目ですが，教科は何であれ，基本は同じですので，他教科の人も読み進めてください。**実習先の先生方も，「異なる科目の指導案の研究や授業参観はとても勉強になる」と奨めます。**

　表4-3にある学生の指導案（毎時の授業展開）を，**図4-1**に「高校地理B」の，ある教科書の該当ページを示します。第1節で学んだことをふまえ，まずはこの指導案をじっくり読んで「ツッコミ」を入れ，10点満点で点数をつけてください。68ページ末からの解説はその後で読みましょう。

表4-3　高校「地理B」学習指導案（毎時の授業展開）の例

	指導内容	学習活動	指導上の留意点
導入 10分	・世界にはどのような宗教があるか考える。 ・イスラームは世界的に見て2番目に多いことを説明するとともに西アジア・中央アジアに多く分布していることを理解させる。	・考える時間をとった上でどのような宗教があるかを質問し答える。 ・イスラームについてどのようなイメージをもっているか質問し答える。	・この段階では教科書は開かずに自分の知識だけで考えさせる。
	・西アジア・中央アジアの宗教や言語の分布が異なる地域を理解させる。	・教科書を使い，分布と割合の図を注意してみながら，宗教や言語，国の分布の特徴を見つける。 ・どのような特徴がある	・言語分布と宗教分布の特徴をつかませる。 ・質問の反応が薄い場合

	指導内容	学習活動	指導上の留意点
展開 30分		・かを質問し，生徒が理解しながら答えるようにする。	は「言語集団の分布はそれぞれどの辺りに分布しているか」発問する。
	・教科書の「三つの民族と文化」を読み，言語の違う民族の分布とムスリムの割合について再確認する。 ・西アジア・中央アジアの地域はイスラームだけではなくキリスト教やユダヤ教も混在していることを理解する。		・より深い理解ができるよう，なぜイスラームだけではなくキリスト教やユダヤ教の割合が高い地域や国があるのか，その背景の歴史についても触れる。
	・教科書の「ムスリムの生活」を読みイスラームとはどのような宗教なのか，ムスリムの生活の特徴を理解する。	・写真を見てムスリムの生活について補足説明しながらイメージできるようにする。	・イスラームの戒律が厳しく人間性に乏しいと思われがちな誤解について誤りであることをわかりやすく説明する。 ・ムスリムとはイスラム教徒のことを指すことを確認する。 ・五行とはなにかを理解できるように，身近な例をあげて説明する（ロンドンオリンピックを例にする）。
まとめ 5分	・西アジア・中央アジアにはイスラームが多くを占めているが，イスラーム一色の地域ではないこと，ムスリムの生活について再確認する。		

(注) 合計時間が45分なのは，出欠確認の時間などを5分とみて模擬授業では省いているため。

学習指導案は他者に読んでいただくものでもある──エゴセントリックに書かない

　学習指導案は，作成する本人が良い授業を遂行するための企画書・計画書です。しかしだからといって，本人にさえ意味がわかればいいのではありません。授業準備には多くの人びとの助言が不可欠です。だから，他者が読んでわかる

68　　　　　　第4章　学習指導案の基本

ように書きます。けれども，私たちは，「自分にわかっていること（当然のこと）は他者にもわかっている（当然である）」という無意識の思い込みにとらわれがちです。これをエゴセントリック（egocentric）といいます。訳すと「自己中心的」。これは「あの人は性格が悪い」といった人格批判ではありません。幼児と向かい合っているみなさんが，右手を挙げて「これは右手？左手？」と訊くと，その子は「左手」と答える。その子の左手は，みなさんの右手と向き合っているからです。このように，**物事を他者の視点から見ていないのが，エゴセントリックの意味**です。

表4-3では，「展開」×「学習活動」のセルの第3文に，「写真を見て……」とあります。どの写真のことでしょうか。**図4-1**の写真なのか，授業者が別途用意した写真なのか。自分には当然のことかもしれませんが，読み手＝他者には自明ではないのです。

また，これは別の学生の学習指導案ですが（掲載略），「教科書の説明は簡単すぎるので，板書して詳しく説明する」「プリントの穴埋めで知識の定着を図る」と書かれています。読み手は，「その板書内容は，どこに書いてあるの？」「どんな穴埋め問題？」と思って探しますが，どこにもありません。本人の頭のなかでは板書内容がまとまっていて，プリントも作成済みかもしれません。しかし，読み手にはわかりません。きちんと添付し，かつ「教科書の説明は簡単すぎるので，板書して詳しく説明する（板書内容は添付資料1を参照）」「プリントの穴埋めで知識の定着を図る（別添資料を参照）」などと明記します。

表4-3に戻りましょう。表にページを跨がせているのも望ましくありません。**一覧性は重要**です。複数ページに跨るなら，**切れ目の良いところでページが変わるよう，行間や字の大きさを調整する**。みなさんの学習指導案を見てくださる，実習校の多忙な先生に，ページをめくらなければ文章（意味）が完結しない，そんなイライラする代物を読ませてはなりません。

以上のようなエゴセントリックな書き方を克服するには，「この文章は論理が飛んでしまっている」「この説明はあいまいで意味が伝わらない」といった厳しめのフィードバックを受けながら学ぶ経験が，どうしても必要です。「**ダメ出し**」を受けてじゃんじゃん練り直し・書き直しをしましょう。生徒の視点が入った指導案へと必ず繋がります。

2　学習指導案を書くときの7つの勘違い　　69

図4-1 教科書の該当ページ（帝国書院『新詳地理B』より）

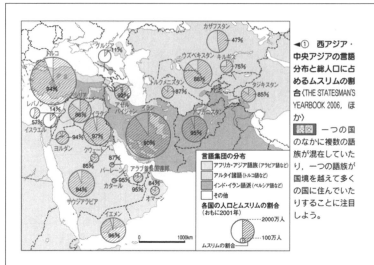

2 民族と文化の特色

三つの民族と文化　西アジアから中央アジアにかけての文化は，主としてアラブ・イラン・トルコという三つの民族によって成り立っており，言語もそれぞれアラビア語・ペルシア語・トルコ語に分かれている。[1] アラブ系の民族は，イラク・シリア・レバノン・アラビア半島諸国から北アフリカにかけて分布している。イラン系の民族は，イランとアフガニスタン，タジキスタンに分布している。トルコ系の民族はトルコ・アゼルバイジャンから中央アジアのシルクロード沿いに広く分布しており，かれらのことばは日本語と文法的に似ている。これらの民族の多くはムスリムで，**イスラーム**は人々の生活・文化の基盤となっている。(→p.112) しかし，ユダヤ教やキリスト教もパレスチナで生まれたことからわかるように，現在のイスラエルやシリア・レバノンには，キリスト教徒やユダヤ教徒もくらしており，イスラーム一色の地域ではない。(→p.316)

[1] アラビア語とペルシア語は，同じアラビア文字で表記される。トルコ語は，現在のトルコ共和国が建国(1923年)されて以来，アラビア文字にかわってローマ字で表記されるようになった。ただし，三つの言語は文法的には大きく異なっている。

182

（注）引用は，筆者の指導実績を元に平成25年発行の『新詳地理B 初訂版』から行った。現行の平成28年検定版では，pp.208～212が該当する。

▲② コーラン(クルアーン)を学ぶ小学生(サウジアラビア，2001年撮影) サウジアラビアの小学校や中学校では，宗教の授業時間が多い。

▲③ 決まった時刻にメッカに向かって祈るムスリム(サウジアラビア)

ムスリムの生活

7世紀にアラビア半島で生まれたイスラームは，8世紀に西アジアの全域，そして10世紀には中央アジアに広がった。現在にいたるまでイスラームは人々の日常生活に根づいており，その教えは習慣や価値観にも反映されている。イスラームは一神教で，唯一絶対の神アッラーを信仰する。「イスラーム」というアラビア語も，神への絶対的な服従を意味している。偶像の崇拝はきびしく禁じられていて，イスラームを創始した預言者ムハンマド(マホメット)も信仰の対象にならない。聖典のコーラン(クルアーン)は，ムハンマドに下された神の啓示を記したものだが，日常生活のルールが詳しく記されている点で，キリスト教の聖書とは大きな違いがある。

　ムスリムは，神を信じるだけでなく，日常生活のなかで具体的な行為によって信仰を明らかにする必要がある。いつでも行うべき信仰告白，1日5回の礼拝，随時行うべき喜捨(持たざる者へのほどこし)，イスラーム暦(太陰暦)の9月(ラマダーン月)に行われる断食，一生に一度行う聖地メッカへの巡礼が，信者が守るべき努め(五行)である。巡礼には世界中のムスリムが集まり，豊かな人も貧しい人も，みな同じ白衣だけをまとってカーバ神殿に集まる。巡礼は，人種や民族をこえて信徒が一つであることを確認する大規模な宗教行事となっている。

指導案は一筆書きでは書けない——それは作詞作曲に似ている

　一筆書きでは書けないというのは，何度も何度も書き直しをするということです。では，ver.1 と ver.2 のあいだ，ver.2 と ver.3 のあいだ……ver.N と ver.N ＋ 1 のあいだ……には，みなさんは何をしているべきなのでしょうか。それは，リハーサル。「一人リハ」もあれば，「人前リハ」もあるでしょう。指導案を書いている最中は，これでうまくいくだろうと思っても，いざ演じてみると，説明が曖昧になってつっかえたり，声出しが全然なってなかったり，予想の 3 倍も時間がかかったり……ということがしょっちゅう出てきます。本当はわかっていなかった，見積もりが甘かった——こうした反省をもとに，修正していくのです（リハーサル方法の詳細については第 7 章を参照）。

　だから，指導案作成を以下のようなものだと思うのなら，それは勘違いです。

　　①紙の上だけの練り直し・書き直し→②指導案提出→③助言→④練り直し・書き直し→⑤模擬授業（大失敗）→⑥練り直し・書き直し→⑦授業本番（「中」失敗）

こうではなく，①や④の段階で，複数回のリハーサルをはさみながらの練り直し・書き直し，つまり，模擬授業というリハーサルのためのリハーサルが，不可欠なのです。

　では，リハーサルは何回くらいやればよいのでしょうか。それは，うまくできるまで。目安をいうなら，「一人リハ」と「人前リハ」を合わせて 10 回。シンガーソングライターを思い浮かべてください。心のなかに生まれた言葉を，あるいは口ずさんだメロディーを，紙に書きつけていく。ステージに上がるまでに，何度も何度も練り直し・書き直しをします。プロデューサーやエンジニアの前でちょっと演奏して，「サビの部分がイマイチ来ない」とか指摘され，書き直します。納得がいくまで練り続ける点では，授業を行う教員とシンガーソングライターは同じなのです。

「主体的参加」「興味の喚起」「理解の促進」——抽象概念でごまかさない

　学習指導案は，みなさんと生徒の動作（頭のなかの動きも含む）や発言を，具

体的レベルに落とし込まないと機能しません。たとえば**表4-3**の「導入」×「学習活動」のセルには，「イスラームについてどのようなイメージをもっているか質問し……」とあります。それはどんなセリフでしょうか。「どんなイメージをもってる？」と訊いても生徒は答えにくい。

　では，どんな訊き方が，生徒たちに対しては適切でしょうか。たとえば，**図4-1**右上の，いわば平和な写真と対照的な，戦闘服のゲリラ部隊の写真を見せて，「これ，何だと思う？」と訊いた方が答えやすいかもしれません。あるいは，貧困解消を掲げたデモ行進の動画を見せて，「何をしているんだろう？」と訊く方が良いかもしれません。こんなふうに工夫を凝らしながら，具体的動作・セリフを指導案に書き込んでいくのです。

　また，「まとめ」×「指導内容」のセルには，「……について再確認する」とありますが，「学習活動」のセルが空白のままです。どのような作業によって再確認させるのでしょう。教師の口頭説明？ プリントの見直し？ 板書？ 具体的動作に落とし込むことが必要です。

　「生徒たちを参加させ，自発性を育む」「興味を惹きつけて主体的に学ばせる」といった抽象度の高いフレーズは，理想が高くてなんだかカッコイイ感じがしますね。けれども，理想を掲げたフレーズをいくら学習指導案に書き込んでも，良い授業を実現することの役には立たないのです。

　生徒は，何をどうしたら「参加」したことになるのか。その生徒に何が生じれば，「主体的」に学んだといえるのか。生徒の感情や興味を，本時の目標達成に向けてどのように引っぱっていくのか。つまり，生徒がどんな気持ちで教室に居るのかに加えて，生徒の知識・理解，思考・判断，技能・表現のレベルに考えをめぐらせつつ，具体的な動作やセリフに落とし込んではじめて，良い授業の実現へと繋がっていきます。

資料を活用すれば良いわけではない──読ませ考えさせる時間が要る

　「社会科は暗記科目ではない。さまざまな資料を読み解く力の育成が大切だ」。これは正論であり，授業のなかにそれを入れるのは良い実践です。しかし，初めて資料を見る生徒には，読み解きの時間が相当長く必要です。授業者は，指導案作成中に使用予定の資料を何度も読むものだから，このことを忘れてしま

いがちです。

　表4-3の「展開」×「学習活動」のセルに，「教科書を使い，分布と割合の図を注意してみながら，宗教や言語，国の分布の特徴を見つける」とあります。そもそも，指示された作業に着手するまでに1〜2分かかる生徒が多いなかで，図4-1の地図を初めて見る高校生にとって，ここに盛り込まれた情報を消化するのに，どれくらい時間が必要でしょうか。消化を助けるのに，どんな補足説明（理解の「補助線」）が有効でしょうか。「展開」の予定時間30分のうち何分をしめるでしょうか。ここまで考え抜くのです。

　みなさんが教科書とは別に資料を探した場合も同様です。おもしろそうな資料を苦労して見つけたという興奮・喜びがあるためなおさら，初めてそれを見る生徒には，読み解きの時間が相当長く必要なことを忘れてしまいがちです。気をつけましょう。

教師の発問──なんのため？

　筆者はしばしば，教育実習事前指導の授業で「教師の発問はなぜ大切だと思う？」と質問します。すると「一方的説明では，生徒は興味をもてない。教師から発問して発言させることで，生徒はもっと主体的に参加できる」という意見が述べられます。これは，決して間違ってはいません。しかし，もっと重要なことは，教師の発問→生徒の返答（→教師の返答→……）の流れを，本時の目標にどうやってつなげていくか，ということです。

　再び，「イスラームについてどのようなイメージをもっているか質問し答える」を取り上げてみましょう。この授業では，生徒が述べたイメージを，その後の展開にどうつなげるのでしょうか。そのつなげ方は，イスラームの理解を高めるようにはたらいているでしょうか。こうした点が充分に練り上げられていません。

　次のように工夫したらどうでしょうか。先に例示したように，戦闘服のゲリラ部隊の写真を見せると，生徒たちからは「テロ」「処刑」「リベンジ」「爆弾」といった発言が出てくるでしょう。それに対し，「どうして人びとは，こんな，悲しみをもたらす行動をとるのだろう。イスラム教は，こうした行動の原動力になっているのだろうか，そうではないのだろうか。考えてみよう。そのために，

イスラム教のポイントをいまから学ぶよ」と投げかける。

　そうすれば，「アッラーの神」「コーラン」「五行」といったキーワードが，単なる暗記対象ではなくなるのです。宗教／人びとの日常生活／国家／民族の関係について，これらの**新知識を使って，より深く思考し判断する**ことが可能になります。「コーランには，五行とか人として大事なことが書いてあって，これはアッラーの教えなんだから絶対服従で守るべきなのに，なぜリベンジとかテロとかするんだろう？」といったように。この思考・判断によって得られるイスラーム世界に対する**理解の深まり**を本時の目標とすれば，生徒の思考を適切に流れさせる授業（→**表Ⅱ-1**〔p.59〕の f）になります。

　要するに授業者は，**生徒が到達すべきゴールを明確にし，それとの関係において有意味な発問を用意すべき**なのです。

生徒は「想定内」で返してこない──「想定外」を想像しよう

　上記のように，授業のゴールにとって有意味な発問を練りに練って考え出すと，自分の想定どおりの返答を期待したくなるのが人情です。けれども生徒たちは，そんなみなさんの苦労を無視して，まったくトンチンカンな感想，「わかりません」や無言，あるいは喜ばしいことに，みなさんが予想すらしなかった素晴らしい意見を返してくるものです。したがって，「自分の期待を外れる返答には，どんなものがあり得るだろう？」と最大限に想像し，**とくにネガティブな返答に対する返答を用意しておく**ことが必要です。

　表4-3の「展開」×「指導上の留意点」のセルには，「質問の反応が薄い場合には……」と，ネガティブな反応への備えが書かれています。でも，不充分です。「反応が薄い」にもいろいろあるからです。「わかりません」と答えた生徒と無言の生徒とでは，質問の中味を変えるべきですし，トンチンカンな答えをした生徒に，「言語集団の分布はそれぞれどの辺りに分布しているか」と訊いても，またしてもズレた答えが返ってくるでしょう。

　ズレた答えに対して，「まあ，そうだね」という否定も肯定もしない曖昧な相づちを打つのは，生徒の理解が曖昧なままになってしまうのでよくないです。「それはこういうふうにズレているよ」「はっきり言うけど，この場合は違うよ」と，**ズレた答えに対しては，口調は優しく，しかし明確に否定しましょう。**

2　学習指導案を書くときの７つの勘違い　　75

「はっきり否定することで，嫌われたらイヤだな」などと思うなら，それは自分がかわいいだけ。そうではなく，生徒の成長を第一番に考えましょう。

　いずれにせよ，「想定外」の想像は，一人では難しい。だから，友人や勉強仲間の前でリハーサルをして，わざと想定外の反応をしてもらいましょう。とても鍛えられます。

知識のもう一歩奥で何を発見させたいの？──揺さぶる授業が教養を育む

　みなさんは，表4-3（p.67）の学習指導案に，10点満点で何点をつけたでしょうか。筆者は2点をつけました。「これでは授業にならない。根本的な考え直しが不可欠」という評価です。筆者は，可＝4点，良＝6点，優＝8点，に設定しています（第3章の図3-2，山口県の評価尺度も参照）。

　「可」はレベル1＝教科書の知識をなぞって並べた指導案，「良」はレベル2＝知識を飲み込みやすく整理した指導案。「えっ，まだその先もあるの？」──はい，あるのです。みなさんは，**「知識を飲み込みやすく整理した授業が最高に良い授業」**と思い込んでいませんか。それは，良い授業の必要条件であっても**十分条件ではありません**。その先にある「優」＝レベル3とは，知識のもう一歩奥で発見をさせる指導案，です。

　授業では，まずは生徒たちの知識・理解を徹底させることが基本です。したがって，教科書の知識を生徒がきちんとなぞっていけるよう，それらを順に並べることが肝心です。授業のめあて（目標）が明示され，キーワードの穴埋めや重要ポイントの説明が順番になされていくことです（レベル1）。

　ただし，これだけでは，生徒にとっては飲み込みにくい（理解しにくい）知識が，どうしても出てきてしまいます。そこで，「多くの生徒はここで間違えやすい。どういう工夫をしたら理解が確実になるかな」などと考えながら，知識を飲み込みやすく整理することが重要になります（レベル2）。

　では，レベル3とはどんな授業でしょう。次の質問について考えてみてください。中央アジア・西アジアには，たくさんのイスラム教徒が住む一方で，キリスト教徒やユダヤ教徒も暮らしているという知識をもつことで（学習指導案はそうさせると述べています），生徒はどのように揺さぶられるでしょうか。つまりみなさんは，**知識がインプットされたもう一歩奥で，生徒に何を発見させたいです**

か。

　「知識のもう一歩奥で，生徒にこんな発見をさせて，こんなふうに揺さぶりたい！」とひらめくかどうか。まさにそこが，大学レベルの教養が生きてくるところです。ここで**教養とは，人間がより善く生きるための洞察力や知恵のことです**。それは，知識そのものではありません。年齢や性別，好みや価値観を超えて，人間として共通している何かです。教養は多種多様で，「専門」と呼ばれているものもあれば，「リベラル・アーツ」と呼ばれているものもあります。

　みなさんは教壇に立ったらまさしく，年齢や性別，好みや価値観が自分とは異なる生徒たちと相対します。だからこそ，常にではありませんが，**人間として共通する，より善く生きるための洞察力や知恵を，教科書の説明文を掘り下げて発見し，わかりやすく言い換えて伝える力が試されます。それができたら，知識のもう一歩奥で生徒に発見させたことになる**のです。

　どうしてイスラム教徒とユダヤ教徒は大昔から殺し合いを止めないのだろう。戒律（宗教的な法）が憲法や法律（世俗法）に優越する国家って，生きづらくないのだろうか。信仰をもつとは一体どういう心の状態なのだろう……。普段，ニュースを見たり新聞を読んだり本を読んだりするなかで，こうした疑問を発していますか。自分なりの見解をつくりあげていますか。これが大学レベルの教養を培うということです。

　いま挙げた疑問は，素朴な疑問ですが，これについて考えることは，年齢や性別，好みや価値観の多様性を超えて——たとえば，大学生であるか高校生であるか中学生であるかを超えて——私たちに共通して重要なことといえます。なぜなら，このグローバル時代により善く生きるための知恵や洞察につながっていくからです。

　中央アジア・西アジアには，たくさんのイスラム教徒が住む一方で，キリスト教徒やユダヤ教徒も暮らしているという知識のもう一歩奥で，こんなふうに揺さぶることができたら，「へええ，そうか！」という発見のある授業になるでしょう。

2　学習指導案を書くときの7つの勘違い　　77

3 「ダメ指導案」にツッコミを入れてみよう

模範的指導案を眺めていても……

　以上指摘した7つの勘違いをふまえて，さまざまな学習指導案を研究していきましょう。その場合，模範的指導案よりも「ダメ指導案」の方が，力がつきます。というのも模範例は，模範的すぎて表面だけを真似ることになりがちだからです。それよりも効果的なのは，「ダメ指導案」にツッコミを入れる方法。たとえば，「○○という表現が曖昧だと思います」とダメ出しをしたら「□□という表現にすべき」といった具体的な改善方法を提案し，実際自分がやってみることです。

　みんなの前で□□という表現で説明しても，「わかりにくい」などの反応がきたりして，「ああ，良い案じゃなかった！」とわかります。こんなふうにして頭を絞り，かつパフォーマンスをやって話し合ってみると，指導案作成の実力は段違いに鍛えられます。

さあ，学習指導案を作ってみよう

　ただ，これではまだ，他者の指導案を検討しているだけです。学習指導案をゼロから作り上げる力をつけるには，自分自身で作り上げるしかないのです。みなさんがダイエットしたい場合，周囲の人はみなさんにアドバイスを与えることはできますが，みなさんの代わりに痩せることはできないのと同様です。次章では，ステップアップの目標を立てて実力をつけていきます。

第 **5** 章 　学習指導案の 3 段階目標
　　　　　　──自分の実力に合わせて

　第Ⅱ部の扉でふれたように（p.59），自分の実力に合わせた目標設定をして，
一つずつ課題をクリアしていけるよう，本章では学習指導案のレベルを 3 段階
に分け，第 1 〜 3 節で，各レベルで盛り込むべき点・工夫すべき点・挑戦す
べき点について説明していきます。

　すでに第Ⅱ部の扉に，学習指導案のレベルを 3 段階に分けた表が出ています。
各レベルの名称については，第 4 章で紹介しました（p.76）。もう一度，ここ
で示します。

　　　レベル 1：教科書の知識をなぞって並べた指導案

　　　レベル 2：知識を飲み込みやすく整理した指導案

　　　レベル 3：知識のもう一歩奥で発見をさせる指導案

　みなさんの多くは中学・高校と，レベル 1 や 2 の授業に慣れ親しんできたこ
とと思います。けれども最近の学校現場では世界的に，レベル 3 の授業がアク
ティブ・ラーニング（詳しくは第 8 章を参照）との関連で志向されています。で
すから，レベル 3 という高い理想を頭の片隅において，ステップアップを続け
ていくとよいでしょう。

1　レベル 1：教科書の知識をなぞって並べた指導案

　前章の「7 つの勘違い」の 7 番目のところで（p.75），レベル 1 の学習指導案
について簡単にふれました。すなわち，授業では，まずは生徒たちの知識・理
解を徹底させることが基本なので，教科書の知識を生徒がきちんとなぞってい

1　レベル 1：教科書の知識をなぞって並べた指導案　　　79

けるよう，それらを順に並べることが肝心です，と。また，授業のめあて（目標）が明示され，キーワードの穴埋めや重要ポイントの説明が順番になされていることが必要です，と。

　こうした学習指導案に基づいた模擬授業では，社会科系統ですと，しばしば次のような光景に出会います。あたかも生徒（役の学生）たちが，教科書の太字を，ものすごいスピードでひたすら写して暗記するマシーンのように動いてしまっているのです。これでは，生徒たちは知識・理解を得ることができず，「なんで，これ，覚えるの？」「意味がわかんなくて，つまんない」「でも，テストに出るから丸暗記しよう」といった反応を呼び起こしてしまいます。こうならないようにするには，どうしたらよいでしょうか。

　こうした模擬授業の学習指導案を読んでみると，教科書の太字（重要事項や重要人名・地名，年号など）はきちんと順番に登場しています。配布プリントは，教科書の太字をカッコの空欄に入れていくかたちになっており，板書内容には，穴埋めの答えが並んでいます。では，どこがまずいのでしょうか。どうしたら改善できるでしょうか。以下３点が，押さえるべきポイントです。

時間どおりに終わりそうである

　生徒がものすごいスピードでひたすら写して暗記するマシーンのように動いてしまうのは，分量が多すぎだったり配分が悪かったりするからです。**本時で習得すべき重要語句の説明や重要資料の説明などがしっかり入っていても，授業時間内に終わりそうもなかったら，それは分量や配分が不適切なのです。**

　「指導案を書いたときは，この内容と分量でイケると思ったのになぁ……」

　そうなのです，自分で調べて自分なりに知識・理解が得られると，自分が授業をする相手も，自分と同じくらいの理解力やスピードで，消化してくれると思いがちなのです。けれども，相手は初めてそれを習うわけですし，ましてや中学生や高校生です。予想を（はるかに）上回る時間がかかります。

　では，どうすれば所要時間の予想が上手になるでしょうか。それは，学習指導案を作りながらのリハーサルを欠かさないことです。分量や配分の適切さは，リハーサルをし，他者に見てもらうことで初めてよくわかります。（前章「7つの勘違い」の1，2，4番目）。リハーサルの上手なやり方の詳細については，第7

章を参照してください。

発問の内容と意図とが明確である

　高校日本史で「元寇（モンゴルの襲来）とその社会的影響」の授業をするとしましょう。みなさんなら，導入をどうしますか。模擬授業を行ったある学生は，「モンゴルについてどう思う？」と発問しました。訊かれた生徒役の学生は

「え……モンゴル，ですか？」

「そう，モンゴル。知ってる？」

「一応，知ってる，かな」

「じゃあ，どんなこと，知ってる？」

「えーっと，お相撲さん，とか」

　だいぶんまどろっこしいやりとりです。どこに行き着くか見えないまま，貴重な時間を冒頭からロスしています（時間どおりに終わらなさそうな予感がします）。どこがいけないのでしょうか。二つあります。第1に，この授業者が，モンゴルの何について（何の観点から）発言を求めているのか明確にしていないこと。第2に，何のために，この発問をしているのか不明であること。

　授業者本人に「どうして『モンゴルについてどう思う？』と発問したの？」と訊くと，「生徒を授業に引き込もうと思って。発言してもらったら，そうなるかな，って」。たしかに，生徒と教師の双方向的なやりとりを入れること，それ自体は良い工夫の一つだと思います。しかし，**観点が不明だと内容も不明になり，生徒は何を訊かれているのか理解できない**のです。だから，たとえば次のような説明・発問にします。

　「モンゴル帝国の初代皇帝はチンギス＝ハンっていうんだけどさ，13世紀の初めごろね。彼は，ここ（スライドで上映している世界地図でモンゴル高原を指して）から，ほら，こんなに遠く，ポーランドやハンガリーまで遠征して征服したんだけど，何年かかったと思う？」この発問なら，観点が明確です。モンゴル帝国の領地拡大に要した年月，という観点だから，生徒は「えーっと……50年？」などと答えやすい。

　観点の明確な発問をするには，簡単な知識や解答の選択肢を与えることとセットにするとうまくいくことが多い。上記の例では，世界地図によって，モンゴル高原か

1　レベル1：教科書の知識をなぞって並べた指導案　　　81

ら東ヨーロッパまでの広大さという知識を与えています。つまり，この発問は，生徒の空間感覚を知識で刺激したうえで，その時間感覚をベースに知識を拡大させているのです。

　では，この発問の意図はなんでしょうか。それは，こんなに強大な大帝国が日本を襲来したのだ，国の一大事だったのだ，と授業冒頭で理解させること。この理解を得ておけば，軍事費用が膨大な額にのぼり，鎌倉幕府と御家人たちが借金まみれになって困窮していくことも，「そりゃあ，そうだよね」と納得できます。モンゴルの襲来の社会的影響について，より理解が深まるのです。つまり**発問を，生徒の理解や本時の目標へときちんとつなげるという意図があるのです**（前章「7つの勘違い」の5番目）。

生徒の作業・動作が明確である

　学習指導案を初めて作成するとき，教師（自分）が何をするのかということを一生懸命考えてしまい，生徒が行う作業・動作という観点を失いがちです。指導案の「まとめ」の欄には，しばしば「授業の最後に，教師が本日のまとめを述べる」といったことが書かれています。

　この書き方の問題点は2つあります。第1に，まとめのセリフとして具体的に何を言うのかが不明であること。先の「元寇（モンゴルの襲来）とその社会的影響」の授業をするなら，どんなまとめを教師は述べればよいでしょうか。

　「今日の授業でわかったと思うけど，モンゴルの襲来によって，負けはしなかったけど，鎌倉幕府は『御恩』として御家人に与える土地が足りなくなったから，御家人は貧乏になっていく。幕府は徳政令を出したけど，効果がなく，御家人はますます困窮して，惣領制が解体していったんだね」

　たしかにこれなら，教師のまとめのセリフは具体的です。しかし，この間，生徒は何をしているのでしょう。そこが不明であることが，問題点の2つめです。「えーっと……教師の口頭説明を聞いている時間です」。しかし，ただ聞いているだけで，生徒は知識・理解を定着させることができるでしょうか。教師が板書した，まとめの図式を書かせて，手を動かさせながら，口頭説明を聞かせる方が効果的ではないでしょうか。

　このように，教師の動作・作業だけではなく，生徒の動作・作業の中味を明

確にすることが大切です（前章「7つの勘違い」の3番目）。

2 レベル2：知識を飲み込みやすく整理した指導案

レベル1がマスターできたら，次はレベル2です。レベル1の学習指導案は，教科書の知識を生徒がきちんとなぞっていけるよう，それらが順に並んでおり，授業の目標が明示され，キーワードの穴埋めや重要ポイントの説明が順番になされているものでした。

ただしこれだと，どうしても，機械的に内容をなぞるだけの生徒や，「これ，覚えればいいんでしょ」と，あいまいな理解のまま暗記に走る生徒が，出てきたりします。したがって，レベル2で目指すのは，「もっとメリハリをつけた授業」です。メリハリのある授業をするには，知識を飲み込みやすく整理した学習指導案を作成する必要があります。

具体例を挙げて説明します。**表5-1**は，高校日本史で元寇（モンゴルの襲来）を取り上げた学生の学習指導案（の一部），**図5-1**はその配布プリントです。私立中堅高校の文系2年生が対象です。この学習指導案は，レベル2で求められる次の2点を充たしています。

生徒との対話のなかで授業が進められる

導入の冒頭から，「これは何の絵？」「元寇って何？」と，生徒との対話で始まります。何が訊かれているか（つまり観点）が明確なだけではなく，その意図についても，中学の復習をするということで明確です（p.81も参照）。

対話というと，言葉のやりとりばかりを考えてしまいますが，それだけではありません。生徒の耳と口のみならず，「これは何の絵？」と問いかけることで，彼らの目をもよく働かせながら，対話を始めています。生徒が教師から問いかけられ，その視覚を用いて記憶を呼び起こしたり物事を考えたりしているとき，そこには沈黙が流れています。つまり，**沈黙も対話**なのです。言葉が交わされなくても対話が成り立つときがあります。蒙古襲来絵巻を黙って一緒に見つめることも対話なのです。

展開に入って，20分以上経ったところで，集中力を切らさないように，年

2 レベル2：知識を飲み込みやすく整理した指導案　　83

表5-1　高校日本史で元寇を取り上げた学習指導案の例（一部）

	学習内容	生徒の活動 （学習内容・活動）	教師の活動 （発問・指示）	指導上の留意点	評価
導入 15分	元寇	黒板の蒙古襲来絵巻を見る。 予想される解答 1．元寇，蒙古襲来絵巻 2．元寇とは，元が日本に服属要求をしたが拒否され，日本に攻め入ったこと 空欄①の解答「蒙古襲来絵巻」をプリントに書き，間違えやすい漢字「蒙」と「襲」に赤丸を付ける。 絵巻を元に，元軍と日本軍のそれぞれの戦法をプリントの空欄部分に書く。 指名された生徒は解答する。	黒板に蒙古襲来絵巻を貼る 中学の復習 発問1「これは何の絵？」 発問2「元寇って何？」 蒙古襲来絵巻を元に，生徒の解答と共に振り返る。 テーマ発表「なぜ鎌倉幕府は滅亡した？──その1」（板書・口頭） 「今日の授業は，鎌倉幕府滅亡を，元寇の側面から捉えていく」 プリント配布 空欄①の解答「蒙古襲来絵巻」を板書し，間違えやすい漢字「蒙」と「襲」に赤丸を付けさせる。 絵巻を元に，元軍と日本軍のそれぞれの戦法をプリントの空欄部分に書かせる。 書き終わったころに生徒を指名し，解答を板書して生徒と共有する。	中学の学習ですでに見覚えのある蒙古襲来絵巻から，本日の学習内容に対する関心を高める。 最初に蒙古襲来絵巻を見せていることから，本日のテーマとの関連を考えさせる。 間違えやすい漢字に赤丸を付けさせ，試験時の漢字ミスを防ぐ。 黒板ないしプリントの絵巻から読み取るように促す。資料から考える力を育む。	関心・意欲・技能・表現
展開 25分	文永の役		○文永の役の説明 「元は日本に2回，攻めてきた。一度目の襲来を『文永の役』という。」 空欄②の解答「文永の役」を書き，プリントに書くように指示。 「1274年の語呂合わせ（生き残る者いちにんなし）」 再びプリント上部の蒙古襲来絵巻を見るように指示し，元軍のてつはう（鉄砲）と集団戦法に日本軍が苦戦したことを，プリントの解説に付け加える。	集中力を切らさないように，重要個所の書き込みは積極的に促すようにする。 年号は歴史の流れの理解に重要であることを伝え，語呂合わせを紹介する。	知識・理解
【以　下　省　略】					

図5-1 高校日本史で元寇を取り上げた配布プリントの例
(図6-6も参照)

本日のQuestion

なぜ鎌倉幕府は崩壊したのか？～その1～

1. 元寇
   チンギスハンがモンゴルを統一。フビライハンが国号を元と改め、日本に服属を要求。
   ①_____

   ——竹崎季長
   （肥後の御家人）

   元軍の戦法　　　　　日本の戦法
   _____　　　　　　_____
   _____　　　　　　_____

   ②_____(1274年)
   …元・高麗軍約3万が博多に来襲。暴風雨で元軍撤退。

   ⇩

   ③_____を整備
   …元軍が再び攻めてきたときに備えて設置した、海岸での見張り番役。
   ④_____を設置
   …防護用の堤防。

   ⇩
   元が南宋を滅ぼす
   ⇩

   ⑤_____(1281年)
   …2度目の来襲。元軍に加えて、南宋の軍隊と高麗の軍隊。
   　⑥_____…朝鮮半島から来襲。(元・高麗軍) 約4万
   　⑦_____…中国本土から来襲。(元・旧南宋軍) 約10万
   ⇒また暴雨風で元軍退却。
   　神風が日本を守っている(神国思想)

   ⑧_____の設置。
   …次の来襲に備えて整備した、九州統括のための機関。

2 レベル2：知識を飲み込みやすく整理した指導案　　85

2. 恩賞不足...そして永仁の徳政令

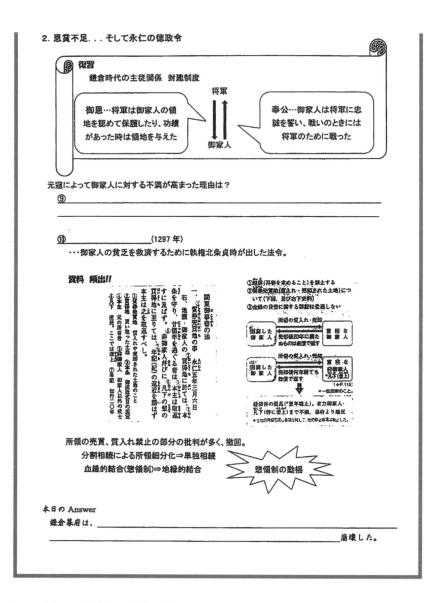

元寇によって御家人に対する不満が高まった理由は？
⑨ _____

⑩ _____ (1297年)
…御家人の貧乏を救済するために執権北条貞時が出した法令。

所領の売買、質入れ禁止の部分の批判が多く、撤回。
分割相続による所領細分化⇒単独相続
血縁的結合(惣領制)⇒地縁的結合　　惣領制の動揺

本日の Answer
鎌倉幕府は、_____
_____崩壊した。

号の面白い語呂合わせを紹介するのも、大切な対話です。「気持ちがたるんできたね、さあ、ここから大事だからもっと集中しよう！」なんて発破をかけても、逆効果でしょう。年号はただの偶然の数字なのに、その出来事にマッチした数字の読み方をうまいこと考えたもんだなあなどと思わせるような、そんな

86　　第5章　学習指導案の３段階目標

芸事的な遊びでふっと息抜きをしたほうが，集中力は高まります。

　ところで私たちは，日常会話のなかでなんの気なしに，「対話」という言葉を使っています。けれども，言葉がたくさん行き交えば活発な対話ができたことになるわけではありません。では，どうすれば授業において良い対話ができるのでしょう。この点についてもっと深めた解説は，第7章第3節を参照してください。

生徒の興味をググッと引き寄せる工夫がある

　導入で，蒙古襲来絵巻を見ながら，元軍と日本軍の戦法の特徴をプリントに書く作業があります。

　「元軍は3人で，馬に乗った日本の武士を弓で狙っている」

　「馬の下に血の池ができている」

　「元軍はブーツを履いているが，日本軍は草鞋である」

　模擬授業をすると，こんな発言が出てきます。

　「なるほどね，そのとおりだね。じゃあ，絵の真ん中の奥のほうにある，この黒っぽい物体は何だろう？」——生徒（役の学生）たちの首がいっせいにひょいっと伸びて，絵巻を凝視する。「見てごらん，火花が散っているよ」

　「あ，火薬だ！」

　「そうそう，草書体で小さく『てつはう』って書いてある。鉄砲，だね」

　この学生は，黒っぽい物体は見えにくいため発言は出てこないことを見越して，興味を引きよせる切り札として，「てつはう」をとっておいたのです。どうしてこのようなグッド・アイデアを思いついたのでしょうか。それはこの学生が，生徒と対話する情景を思い浮かべながら指導案を作成しているからです。みなさん，**蒙古襲来絵巻をじっと眺めている生徒の姿を，自分も生徒になりきって想像してみてください。つまり，頭を「対話モード」にして指導案を練り込むのです。**そうすれば，生徒の興味をググッと引き寄せるグッド・アイデアがひらめくでしょう。

　以上の2点がクリアできると，授業はもっとメリハリのついたものになり，単に知識を表面的に捉えるだけだとか，暗記に走ったりする生徒はぐっと減り，「すごくわかりやすい，面白い！」と感じる生徒が増えていきます。

2　レベル2：知識を飲み込みやすく整理した指導案　　87

なお，レベル2には少し幅があります。さらに2分して，中級／上級，とすることもできるでしょう。上記の学生も最初はレベル2-中級でした。「学習指導案は一筆書きでは書けない」ことを意識して何度も練り直した結果，レベル2-上級，に達したのです。

3　レベル3：知識のもう一歩奥で発見をさせる指導案

　さてこの学生は，地道に努力を重ねて，レベル3へと進みかけているところです。レベル3とは，次の2点を充たすものです。

生徒の思考を適切に流れさせている

　この指導案は，絵巻を見せて発見させて生徒の興味を引き寄せて終わり，にしてはいません。最大瞬間風速的に盛り上がるだけではなく，その後も，生徒の思考を適切に流れさせています。

　展開における，文永の役の説明を見てみましょう。「元軍のてつはう（鉄砲）と集団戦法に日本軍が苦戦したことを，プリントの解説に付け加える」。つまり，導入部分で絵巻を見て発見させたこと＝鉄砲が，文永の役という重要語句とともに再登場しています。

　もし，この授業で，蒙古襲来絵巻を生徒に見せることなく，プリントの「文永の役：元・高麗軍3万が博多に襲来。暴風雨で元軍撤退」という説明文の隣に，「ただし，元軍のてつはう（鉄砲）と集団戦法に日本軍は苦戦した」と書き込ませたら，生徒の理解は深まるでしょうか。筆者は，字面でわかるだけだと思います。なぜなら，元軍の鉄砲と集団戦法という映像（イメージ）の方が，その苦戦ぶりをより鮮明に伝えるからです。

　「もう一度，絵巻を見て。日本軍の騎乗の武士1人に対し，元軍は3人が弓を引き，おまけに鉄砲も使っていたよね。しかも，これで3万人も襲来したんだ。そりゃあ，文永の役，苦戦したはずだよね！」つまり，導入部分での視覚的発見を，文永の役の文章説明に繋げているので，生徒の思考を適切に流れさせることができるのです。

88　　　第5章　学習指導案の3段階目標

「ここを頭に残してほしい」というメッセージがある

　生徒を知識のもう一歩奥で揺さぶるためには，以上のように，生徒の思考を適切に流れさせることが大前提です。ところが，この指導案では，生徒が頭のなかに残してほしいメッセージが明確ではありません。つまり，生徒が知識を飲み込みやすいよう，かっちりと整理されており（レベル2），生徒の思考を適切に流れさせてはいるのですが（レベル3の一つめ），知識のもう一歩奥でゆさぶりをかけているかという点を，学生本人が意識していない状態です。

　「そりゃあ，文永の役，苦戦したはずだよね！」というのは，生徒の理解のレベルに合わせた説明です。では，この説明の背後にある大学レベルの教養とはなんでしょうか。それは，「テクノロジー（＝戦法の幅を拡げる科学技術）こそが，戦争の勝敗を大きく左右する」という人間の歴史です。この歴史的命題が頭のなかにくっきり浮かんできたら，生徒が頭のなかに残してほしい有意味で明確なメッセージが何であるかを，はっきり意識することができるのです。

　さて，筆者はさらに，「この指導案はレベル2までしっかりできているから，うーむ，もう二捻り工夫できるよ。そうしたらバッチリ，レベル3になるじゃない！」と思います。一捻りめは，歴史の流れを理解させる仕掛け，二捻りめは，知識のもう一歩奥で発見をさせる仕掛け，です。後者は，筆者が作成した元寇（モンゴルの襲来）に関する学習指導案を用いて説明します。これは長くなるので，次の第6章で展開しましょう。本節では，前者について説明します。

　表5-1に示した学習指導案に戻って検討してみましょう。「展開」×「指導上の留意点」のセルには，「年号は歴史の流れの理解に重要であることを伝え，語呂合わせを紹介する」とあります。そうなのです，出来事がいつ起こったのかを記憶しないと，歴史の流れを理解することはできません。

　では，「歴史の流れ」とはなんでしょうか。「歴史の流れ」を生徒が頭のなかに残すには，具体的にはそれはなんなのでしょう。明確かつ有意味な「歴史の流れ」とは何か。蒙古襲来絵巻を見せて少し対話した後の部分を，次に示すセリフバージョンのように変更してみてはどうでしょうか。

　「そう，元寇だね。今日の授業は，『元寇は，鎌倉幕府の滅亡にどう影響したのか？』というテーマでやっていきたいと思います。

3　レベル3：知識のもう一歩奥で発見をさせる指導案　　　89

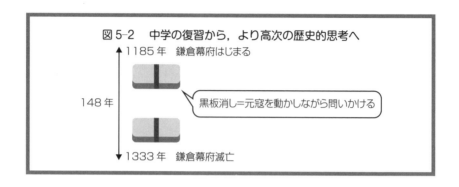

図 5-2　中学の復習から、より高次の歴史的思考へ

　いま滅亡っていったけど、鎌倉幕府が始まったのって、いつだっけ？　そうそう、窓側の一番後ろで声がしたね。1185 年。源頼朝が全国に守護・地頭を配置し始めた。じゃあ、滅亡はいつ？　○○さん？　わからない？じゃあ、語呂合わせ、『一味散々、北条氏』。（わかった！1333 年）そう、1333 年。鎌倉幕府は 1185 年から 1333 年まで続いた。じゃあ、この間は何年かな？　お、K 君、計算が速いね。そう、148 年。

　じゃあ、元寇っていつ起こったの？　四択でいこう。鎌倉時代の前半の前半、前半の後半、後半の前半、後半の後半。（挙手）はい、答えは後半の前半。1274 年が文永の役、1281 年が弘安の役。1333 − 1281 = 52、半世紀もあるよ。つまり、元寇が鎌倉幕府の滅亡に影響したんだ、といっても、あいだが半世紀もあったら、他にもいろいろな原因があって、それらが絡まっていただろう、と考えられるよね。」（図 5-2）

　多くの生徒は、〈元寇→御家人の不満上昇→徳政令で惣領制の動揺→幕府崩壊〉という**「歴史の流れ」を暗記**します。それはパターン暗記にすぎません。けれども、上述のような問いかけをしておくと、**因果関係を深く考える面白さを味わうよう**、いざなえます。

　1274 年に文永の役、という知識が出てきたときに、生徒に 1274 − 1185 = 89 と計算させて「鎌倉幕府が成立してけっこう長い時間が経ってから元が攻めてきたんだ。幕府成立 5 年後なんかだったら、滅亡はもっと早かったかも」とか、1281 − 1274 = 7 と計算させて「元が再び攻めてくるまでに 7 年も空いたんだ。いつ攻めてくるの？と不安だったろうな。でも、もう攻めてこないか

も，と防備に気が緩んだかも」といった思考へと，生徒をいざなう仕掛けをつくっておけばどうでしょうか。活用するのは引き算という，小学校で習った技能ですが，**生徒は流れをパターンとして暗記するのではなく，より高次の歴史的思考を働かせる**のです。

　社会の出来事と人間の心理における時間的側面の重要性に，考えをめぐらせるよう，生徒を促す。つまり，歴史の流れ＝歴史の因果関係を捉える際には，時間幅に気をつけると思考が広がることに気づかせることができます。

　以上が，生徒が頭のなかに残してほしいと筆者が考えるメッセージです。なぜ残してほしいかといえば，これは中世であろうとも現代であろうとも応用が効くからです。こうした**汎用性のある物事の捉え方・考え方は，教養を育むカギ**だからです。

　表5-1の学習指導案には，「年号は歴史の流れの理解に重要であることを伝え」とあります。けれども，生徒は「重要（有意味）ですよ」と言われても，語呂合わせを教えてもらっても，その重要性を理解できないでしょう。そうではなく，手を動かし実際に計算してみることが思考を刺激し，有意味性が沁みていくのです。「歴史の因果関係は，時間幅を計算させながら捉えさせ考えさせよう」。こんなふうに，もう一捻りすると歴史の授業は断然面白くなると思います。

第6章 **学習指導案のレベル・アップ**
──ちょっとしたコツを見逃さない

　本章では，まず，前章第3節に引き続き，知識のもう一歩奥で発見をさせる工夫について，元寇（モンゴルの襲来）の授業を事例に説明します（第1節）。ここでは，筆者が作成した，単元計画，セリフバージョン，板書内容や配布プリントをまるごと載せていますので，あらゆるレベルの参考になるでしょう。それぞれ教材研究を深めてみてください。

　それによって，いろいろなヒントが得られるでしょう。けれども，レベル・アップのコツはまだまだあります。それらは，ちょっとしたものであることが多い。だからこそ，かえって気づきにくいのです。そこで第2～4節では，レベル・アップのコツを説明します。

1　知識のもう一歩奥で発見をさせる工夫

　図6-1に示すのは，前章で検討した学生の学習指導案を，「こうしたらマッチ・ベター」と大幅改定したもの，99ページに記した**図6-4**はそのプリント案です。私立中堅高校の文系2年生という対象設定はそのままです。では，エクササイズをしてみましょう。筆者はこの案において，知識のもう一歩奥で何を発見させたいと考えているでしょうか。どんなメッセージが生徒のなかに残ってほしいと考えているでしょうか。そのために，どのような仕掛けで，生徒の思考を適切に流せているでしょうか。これらを読み取ってみてください。

1　知識のもう一歩奥で発見をさせる工夫　　93

図6-1　高校日本史で元寇（モンゴルの襲来）を取り上げた学習指導案の例

私立 L 学院高校（架空の学校）進学コース　社会科 日本史　学習指導案

教育実習生　▲山▲子
指導教諭　■谷■男

項　目	内　容
1 実施日時	2016 年 11 月 22 日
2 授業会場	私立 L 学院高校　第 1 学年 A 組
3 学習者	第 1 学年 A 組　42 人（女子 18 人，男子 24 人）。
4 生徒観	全員大学進学を目指す文理混合のクラス（目標は，国公立から難関私立，中堅私立と幅広い）。日本史に対する学習意欲は比較的高い。ただし，理系の生徒を中心に，中学で学んだはずの基礎が抜けている者や，歴史に関心の持てない者もいる。今回のテーマである「元寇は鎌倉幕府の衰退にどう影響したのか？」は，中学の試験や高校入試の頻出問題であるため既に学習済みである。しかし多くの生徒が，＜元寇（モンゴルの襲来）→戦費がかさんで経済・財政が悪化→徳政令→御家人の不満が高まる→鎌倉幕府の崩壊＞と，流れの暗記に留まっているように思われる。
5 単元名	2 章　武家社会の形成と中世文化 3 節　元寇と御家人社会の変質　（pp.72-74）
6 教材	・『新選日本史 B』東京書籍 ・自作のプリントとパワーポイント（プリントの史料は，山川 CD-ROM よりカット&ペースト。また，『まんが日本の歴史 4　鎌倉』大月書店も活用。）
7 実態に応じた単元目標ならびに本時の目標	①歴史には流れ=因果関係があることを理解させる。注意すべきは，この流れを暗記の対象とさせない，教授上の工夫が必要だということである。そのキモは，ひとつは，人間と社会にとって出来事のもつ時間的側面の重要性を実感させる仕掛け，いまひとつは，戦争の経済的側面について納得させる仕掛け，である。 ②難関大学を目指す生徒が多いため，受験に不可欠な知識を「うまく飲み込ませる」部分は「うまく飲み込ませる」部分として盛り込み，サクサクと授業を進め，肝心の歴史の因果関係を考える時間を，充分に確保する。 ③史料を読み解く力をつけさせる。具体的には，(a) 蒙古襲来絵巻，(b) 元寇（モンゴルの襲来）の経路図，(c) 永仁の徳政令である。歴史地図（b など）は複雑なものが多く，嫌気がさすものだが，単純化して記憶すればよいことを知る。文語史料（c など）も「面倒くさい感」が漂うが，言っていることは単純であることを，「理解の補助線」の助けを借りながら知る。 ④最終的に，元寇（モンゴルの襲来）を起点として，鎌倉幕府衰退への因果連鎖を，キーワードを用いて説明する力をつけさせる。ただし，いきなり論述は難しいので，まずは穴埋め問題にする。内容のキモは，戦争で負かした相手から分捕るもの（土地や財貨）がなければ，政府と社会は窮乏する，というメカニズムである。これはいかなる戦争にも共通だ。この点をつかめば，どの時代の戦争（とその影響）についても応用が効く（たとえば，日清戦争，日露戦争，満州事変，日中戦争……）。
9 評価基準	・関心：本時テーマに関心を示しているか。自分なりに発言・対話しようとしているか。 ・思考・判断：人間と社会にとっての，出来事のもつ時間的側面の重要性と，戦争の経済的側面について考えることができているか。 ・知識・理解：因果連鎖を説明するための基本的タームを理解しているか。 ・技能・表現：史料を読み取れているか。元寇から鎌倉幕府衰退への因果連鎖を，基本的タームを用いて説明できているか。

セリフバージョン（毎時の授業展開は省略）

はじまり（3分）。　日直，号令。出欠確認など。

導入（12分）

　（1）　**導入の導入……**　　今日は鎌倉時代の続きですね～最初にプリント2枚，配ります（1分程度）。では，今日もビジュアルでいきましょう。はい，この絵（スライド1で蒙古襲来絵巻を提示）を見てください。これは何を示しているんだろう？　見覚えがある人，けっこういるんじゃないかな？　そう，「ゲンコウ」だね。「モウコシュウライ」ともいうね。中学では，そう教わってきたね。これは，蒙古襲来絵巻（絵詞）。絵巻だから，トイレットペーパー（実物示しつつ）みたいな感じ。この一枚じゃなくて，たくさん絵が描かれています。たとえば，これ（スライド2）。元軍の船です。絵巻には説明文も付いていて，物語になっている。だから，絵詞。作者は不明ですが，現在，宮内庁に所蔵されています。と，これは豆知識。

　じゃあ，元って，現在の国名でいうとどこ？　モンゴル，そうだね。モンゴルといえば，この人だね（スライド3で白鵬の写真を提示）。そう，横綱白鵬。モンゴル人。本名知っている人，いる？　これは難しいよ。ジャジャーン。ムンフバト・ダワージャルガル（と，スライドで字幕を出す）。でもね，モンゴルを統一した初代，それから国名を元にした三代目の名前はすごく簡単。あ，まだノートしなくていいよ（引き続きスライドのアニメーション）。統一者はチンギス・ハン，統一は1206年。モンゴル帝国を建てた。それから，孫のフビライ・ハン。フビライ・ハンは，1260年に即位して，国の名前を，中国風に「元」としたんだ。

　（2）　**今日のテーマの発表**　　今日は，元寇と鎌倉幕府の関係について考えたいのね。考えるポイントを言います——「元寇（モンゴルの襲来）は，鎌倉幕府の衰退に，どのように影響したか？」。これが今日のテーマ（スライド4，アニメーション）。元寇（モンゴルの襲来）が原因，鎌倉幕府の衰退が結果，というわけです（図6-2）。

　（3）　**中学の復習から，より高次の歴史的思考へ**　　ちょっと中学の復習をしよう。板書をノートするの，あとでいいよ。鎌倉幕府が始まったのって，いつだっけ？　うん，1185年だね。壇ノ浦の戦いで平家が滅亡して，源頼朝が全国

1　知識のもう一歩奥で発見をさせる工夫　　　　95

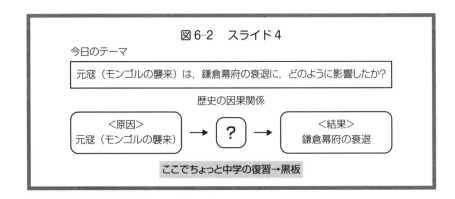

に守護・地頭設置をしたタイミング。それで1192年には朝廷から征夷大将軍の官位をもらったんだよね。じゃあ，滅亡は何年？ 一味散々，北条氏。1333年です。じゃあ，このあいだは何年？ そう，148年（板書）。じゃあ，元寇って，いつごろあったの？ 四択でいこう。前半の前半，前半の後半，後半の前半，後半の後半。手を挙げてもらおうか。はい，答えは，後半の前半。元は1274年と1281年の2回，攻めてきた。ということは，鎌倉幕府ができてから何年？ 1274 − 1185 = 89年も経ってるんだ。2回の襲来の間は1281 − 1274 = 7年。滅亡までは何年？ 1333 − 1281 = 52年。半世紀もあるよ（以上，板書しながら）。あ，ついでに，モンゴルの統一とフビライ・ハンの即位の年号も入れておこうか（以上，板書。図6-3）。

　はい，こんなふうに，「ザックリ年表」を作ってみると，モンゴルの襲来が原因となって，鎌倉幕府の衰退をもたらした，といっても，ずいぶん時間がかかっているということがはっきり，わかるよね。モンゴルの襲来があって，すぐに幕府が斃れたんじゃない。もちろん，もし，モンゴルの襲来が1202年とか，鎌倉幕府ができてすぐにあったら，「速攻で」潰れたかもしれないけどね。実際の歴史は，半世紀もある。だから，あいだに別の原因が挟まっていたんだよな，って想像がつくよね。モンゴルの襲来の影響は，じわじわ〜っと出た。じゃあ，それはどんなふうだったんだろう？ スライド4（図6-2）でいうと，この真ん中の「？」のところだ。

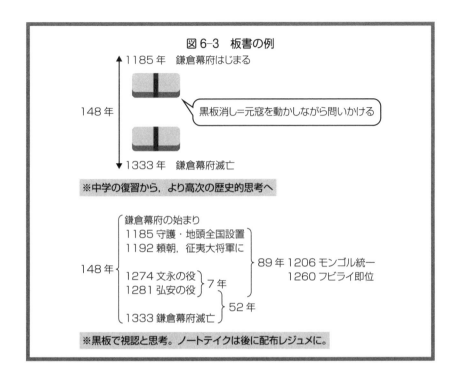

(4) **このあとの授業の流れ** ではプリントを見てください（図6-4）。今日の話は，大きく2つに分かれるよ。左のページを見てください。授業の前半は，モンゴルの襲来そのもの。戦争の中味について勉強しよう。授業の後半は，右のページね，元寇の社会的影響について。スライドの，この真ん中の「？」を，詳しくやるよ。では，ノートをとってください。左のページだけど，一番上の「今日のテーマ」という，空いている長四角と，その下の「ザックリ年表」と「歴史の因果関係」を埋めてください。黒板とパワポに書いてあるから。早く書けた人は，小さいプリントの，マンガを見てて。

展開Ⅰ：元寇（モンゴルの襲来）（10分）

① **元軍の戦法／日本軍の戦法** それじゃあ前半を始めましょう。もう一度，この絵（蒙古襲来絵巻）を見てください。手元のプリントにも載せているけど，前で映しているスライドはカラーだから，こっちの方が見やすいかな。あ，そ

れから，プリントの裏のマンガも見てね。で，絵巻を見て，気づいたことを何でもいいから，言ってください。2分とりましょう。（2分）はい，じゃあ，どうでしょう？（いろいろ意見がでる→集約する）なるほど，絵は，いろんなことを語っているね。みんなの指摘をまとめると，元軍の方が日本軍よりハイテクだった，ってことになるね。

② **二度の元寇（モンゴルの襲来）とその備え**　でもさあ，攻めてきた2回とも，元軍は日本軍に勝てなかったのよね。なぜなら，2回とも，台風が上陸したからと言われています。ほら，元軍は中国・韓国方面から攻めてくるから，船だよね。嵐で船が沈んでしまった。

では，攻めてきたそのルートを確認しておこう。プリント左側右下の，地図を見てください。地図に，ルートの矢印とその解説を書き込んでみよう。また，地図の左側の年表も埋めていこう。前で，スライドを映すから，よく見ていて（スライド5。ルートの矢印をアニメーションで出す）。はい，1回目は1274年で文永の役，朝鮮半島から来ました。2回目は1281年で弘安の役，朝鮮半島と中国南部の2ルートで来ました。1276年に元は南宋を滅ぼしていたから，捕虜にした南宋軍の武士も引っ張って日本に攻めてきたんだ。長江の南から来たから江南軍。でも，捕虜だからやる気がなかった，と言われています（以上，キーワードの穴埋めもしながら）。

さて，ここでみんなに考えてほしいんだけど，もしみんなが，当時，北九州に住んでいる武士だったら，文永の役のあとに何をする？　弘安の役のあとに何をする？　そう，備えだよね。文永の役のあと，鎌倉幕府は沿岸に防御壁をつくって兵士を配置しました。異国警固番役といいます。弘安の役のあとには，いわば「元寇対策センター」を設置しました。これを，「鎮西探題」といいます。

図6-4　授業配布プリントの例

『新選日本史 B』pp. 72-74
2016 年　　月　　日（　）

今日のテーマ（Question for Today）

「ざっくり年表」を書いてみよう

歴史の因果関係

> 裏にマンガがあるよ！

1　元寇（モンゴルの襲来）

（1）元軍の戦法／日本軍の戦法 ･･･ 比較をして，気づいたことを指摘してみよう

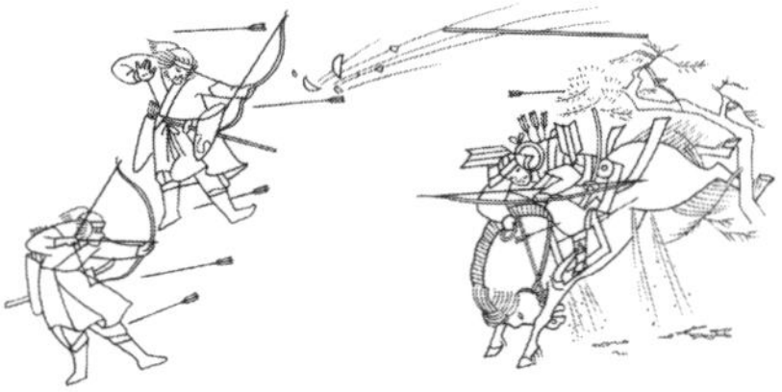

↑肥後（熊本）の（貧乏な）御家人・竹崎季長（たけざき・すえなが）

（2）二度の元寇（モンゴルの襲来）とその備え

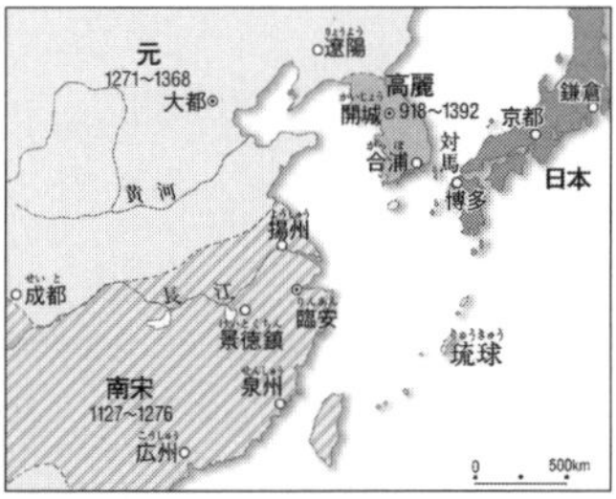

元は高麗併合，日本にも使者をよこし，属国に
なることを要求。But 鎌倉幕府は拒否。

1274 年 ＿＿＿＿＿＿…元・高麗軍約 3 万人が博
　　　　　　　　　　多に襲来。But 嵐で撤退

＿＿＿＿＿＿＿＿＿…次の襲来に備えて海岸に防
　　　　　　　　　　御壁を築き，見張り番を置く

1276 年 元が南宋を滅ぼす

1281 年 ＿＿＿＿＿＿…元・高麗軍・南宋軍。But
　　　　　　　　　　again 嵐で撤退

＿＿＿＿＿＿…元・高麗軍。約 4 万人。

＿＿＿＿＿＿…元・南宋軍。約 10 万人。

＿＿＿＿＿＿…次の襲来に備えた九州統括の機関を設置。

1　知識のもう一歩奥で発見をさせる工夫　　99

『新選日本史 B』pp. 72-74
2016 年　　月　　日（　　）

2　元寇（モンゴルの襲来）の社会的影響

（1）襲撃に備えてきた御家人の不満と窮乏

・次の襲来はいつか？と不安を抱きながらの警備は，精神的疲労と不満とをもたらす。御恩（主に土地）をたっぷりもらえればよいが，鎌倉幕府には御恩が足りなくなり，御家人は窮乏していった。

復習!　鎌倉時代の封建制度

御恩：御家人の領地を認めて保護したり，功績に対して土地を与えたりする。

将軍
↓↑
御家人

奉公：御家人は将軍に忠誠を誓い，戦のときは将軍のために闘う。

Q. なぜ鎌倉幕府には御恩が足りなくなっていたのだろう？
Q. どんなふうにして御家人たちは窮乏していったんだろう？

（まとめで練習問題をするからよく聞いておいてね）

戦争の経済的側面：

（2）幕府の対応策

1297 年 _____ …御家人の窮状を救うため，執権の北条貞時が出した法令

Q. 右の史料を読んで内容を確認し，下の文章のカッコを，単語や文章によって埋めてみよう。
(1)（裕福な）御家人に対して土地を質入れあるいは売却した御家人は，その契約から（　　　）年以内なら無償で取り返すことができる。
(2)（裕福な）非御家人や庶民に対して質入れあるいは売却した御家人は，その契約から
（　　　　　　　），無償で取り返すことができる。

関東御事書の法

一、質券売買地の事
右、地頭・御家人の買得地に於いては、本主之を取返すべし。
非御家人弁びに凡下の輩の買得地に至りては、年記（紀）の遠近を謂はず本主之を取返すべし。

永仁五年三月六日

①質券売買地 質入れや売却された土地のこと
②買得地 買い取った土地
③本主 元の所有者者。ここでは借上
④非御家人 御家人以外の武士
⑤拝領地 御成敗式目の規定
⑥凡下 庶民。
⑦年記 知行二〇年

入試で頻出！

この法令は批判が多く，1 年で撤回。だが，根本的問題は解決せず，困窮する御家人は減らず，むしろ増加。
なぜなら…
・分割相続されていた土地（所領）が小さくなる＝貧乏になる
→ 単独相続へ → 土地を相続できなかった子どもは困窮
→ 血縁的結合（惣領制）の弱体化 → 鎌倉幕府の封建制度の弱体化

3　まとめ：本日の Answer

※ 今日のテーマに対するアンサーを，練習問題でまとめてみよう（別紙）。

『新選日本史 B』pp. 72-74

2016 年　　月　日（　　）

年　　組　　氏名：＿＿＿＿＿＿

まとめのための Question：

元寇（モンゴルの襲来）は鎌倉幕府の衰退に，どのように影響したのだろうか？ それを説明した以下の文章の空欄 a～i を埋めなさい。

戦に備えるべく，武具を購入しなければならない御家人など武士たちの多くは，その資金を調達するため，所有している土地，つまり（a　　　　　　　　）を，（b　　　　　　　　）したり，（c　　　　　　　）したりしなければならなかった。

1274 年の（d　　　　　　　　）と 1281 年の（e　　　　　　　　）という二度のモンゴルの襲来では，日本軍は，負けはしなかったが勝ちもしなかったため，元から（f　　　　　　　）を獲得することができなかった。

そのため鎌倉幕府は，御家人に与える（g　　　　　　　　）の量を増やすことができず，御家人は借金返済ができなくなった。彼らの（a　　　　　　　　）は，相続において，息子の代，孫の代と時代が下るにつれて，細分化していった。

1297 年に発布された（h　　　　　　　）も効果がないまま批判が高まり，1 年で撤回された。

このようにして，血縁を基盤とした（i　　　　　　　）制は弱体化し，鎌倉幕府の封建制は崩れていった。

↑期末テスト前にも必ず解いてみよう↓

期末テストに向けた Question：

永仁の徳政令（1297 年）はなぜ，発布されたのだろうか。その歴史的経緯について，以下の語句を全て用いて（順不同），説明しなさい。

御恩　　　武具の購入　　　所領　　　分捕り品　　　質入れ・売却

1　知識のもう一歩奥で発見をさせる工夫

101

展開Ⅱ：元寇（モンゴルの襲来）の社会的影響（18分）

① **襲撃に備える武士の不満と窮乏**　じゃあ，○○くん，「○○殿，本日より貴殿を異国警固番役に任ず」。さあ，○○くん，君は何をする？（反応ふまえてやりとり）　そうなんだよね，異国警固番役の兵士にしても，鎮西探題に詰める武士にしても，「元軍は，今度はいつ，攻めてくるんだろう？」って不安を抱きながら，待ち続けなくちゃいけない。人工衛星もスマホもないから，元がいつ・どんな準備をしているのか，精密な情報もないからね。元軍は，「じゃあ，今度は2年後に襲来しますわ」とかって，伝えてくれないもんね。

でも，鎌倉幕府の命令だから，嫌でも守備をしなくちゃいけない。たくさん褒美がもらえるんならいいけど，もらえなかったんだよね。プリント2ページめの復習，って欄を見て，鎌倉幕府の封建制度の復習をしよう（図のとおり説明）。褒美って，「御恩」というんだったよね。御恩は，主に土地なんだけど，この御恩が，鎌倉幕府には足りなくなってしまっていた。充分な御恩がもらえないから，鎌倉幕府に忠誠を誓っている武士，つまり御家人たちには徐々に不満が高まっていくんだね。

ではなぜ，鎌倉幕府には御恩が足りなくなったんだろう？　どんなふうにして御家人たちは窮乏していったんだろう？誰か分かる人？（たぶん，挙手はない）ちょっと難しかったかな。これ，まとめのところで論述問題やるから，よく聞いていて。ミソはね，「戦争の経済的側面」について理解することなんだ。そこの四角に書き込もう。戦争の経済的側面——戦争とは，分捕り品を当てにして借金することである。この説明をするよ。

武士たちは戦<ruby>戦<rt>いくさ</rt></ruby>にいくとき，自腹で鎧や弓や馬を買わなくちゃいけない。お金が足りないと，質入れで借金したり，自分の土地を売ったりして買う。「戦争でもらった褒美から払うからさ」って，裕福な御家人や商人と約束してね。でも，その約束が守れなくなっていく。だって，元寇では，負けはしなかったけど，勝てもしなかったから。つまり，負かした相手から，土地や財貨を分捕らないと，闘った武士たちに分配できないよね。元軍からは，ほとんど何もゲットできなかったわけ。防衛戦だったから。大陸で戦って占領地を得たわけじゃない。

これで，さっき四角の中に書いた意味がわかったよね。戦争するってのは，

分捕り品をあてにして借金することなんだ。でも分捕り品がなかったから，武士たち一人ひとりが，戦のためにした借金も返せなくなった。

　借金が返せなくなって御家人たちが窮乏すると，鎌倉幕府は困るよね。「御恩をもらえないのに，なんで奉公しなくちゃいけないのさ？」ってなったら，御家人たちが離れていくもんね。

　②　**永仁の徳政令**　　こんな状態をなんとかしようと，北条貞時が1297年に出したのが，「永仁の徳政令」なんだ。弘安の役から16年も経っているね。プリントの2ページめの下にある「関東御事書の法」という縦書きの史料がそれね。難しい言葉は，①〜⑦で説明があるから，これを頼りに，各自読んでみよう。要するに，なんだって書いてある？　読み取ったことから，その下にある穴埋め文章を埋めてみよう。3分くらいでいいかな。

　じゃあ，答え合わせするよ（誰か当てる）。一つめ：裕福な御家人に土地を売ったり質入れした，困窮している御家人は，その契約後20年以内なら，無償で取り返せる。二つめ（誰か当てる）：裕福な非御家人に土地を売ったり質入れした，困窮している御家人は，その契約後何年であろうが，無償で取り返せる。

　ちょっとロールプレイをしようか（筆者が貧乏な御家人，生徒が金を貸す御家人や非御家人になって，セリフのやりとりをする）。もしみんなが，裕福な御家人あるいは裕福な非御家人や一般庶民だったとしたら？「マジギレ」するよね。みんな幕府に文句いうよね。それで，徳政令は1年で撤回になっちゃう。でも撤回しても，問題が解決されるわけじゃない。繰り返せば，根本の問題は，戦争で負けはしなかったけど，元軍から土地や財貨を分捕ることができなかったから，戦の準備で借金をした多くの武士たちは貧乏になる。結局お金を借りなきゃいけない。でも，貸すほうは貸さなくなるよね。「また借金棒引きの徳政令が出たらとんでもないよな」って。

　武士が貧乏になると，子供と孫に与える遺産も減るよね。兄弟全員に土地を分割して相続すると，土地が小さいから，長男だけが相続，とかね。そうすると，血縁的な繋がり——これは「惣領制」っていうよ——も弱まっていくよ。親や兄弟の財力に頼れなくなった面々は，さらに困窮していくわけね。弘安の役から鎌倉幕府滅亡まで52年。つまり，息子の代，孫の代と困窮していき，

1　知識のもう一歩奥で発見をさせる工夫

幕府の封建制度が衰退したんだ。

まとめ（7分）

　さて，以上が今日の内容です。今日のテーマをいま一度確認すると，「元寇（モンゴルの襲来）は，鎌倉幕府の衰退に，どのように影響したか？」だね。じゃあ，まとめとして，この問いへのアンサーを，文章の穴埋めで書いてみよう。最初は見ないでね。3分でいいかな。（3分経つ）はい，じゃあMさん。（順にあてていく，2分）。念のため，解答をスライドに映しておくよ（スライド6）。（時間がなくなってしまっていたら，宿題にして次回答え合わせ）。期末試験に向けては，下の問題を解いておいてください。それでは今日の授業を終わります。

> 　戦に備えるべく，武具を購入しなければならない御家人など武士たちの多くは，その資金を調達するため，所有している土地，つまり（a 所領）を，（b 売却）したり，（c 質入れ）したりしなければならなかった。1274年の（d 文永の役）と1281年の（e 弘安の役）という二度のモンゴルの襲来では，日本軍は負けはしなかったが勝ちもしなかったため，元から（f 分捕り品 or 戦利品 or 賠償金 or 土地）を獲得することができなかった。そのため鎌倉幕府は，御家人などの武士たちに与える（g 御恩）の量を増やすことができず，武士たちの（a 所領）は，相続において，息子の代，孫の代と時代が下るにつれ，細分化していった。1297年に発布された（h 永仁の徳政令）も効果がないまま批判が高まり，1年で撤回された。このようにして，血縁を基盤とした（i 惣領）制は弱体化し，鎌倉幕府の封建制は崩れていった。

2　説明と発問は正確かつ具体的に

専門事典をチェックしよう

　私たちはつい，教科書に書いてあることはすべて正しい，と思いがちです。しかしそうではなく，教科書の記述はときに不正確です。例を挙げましょう。たいていの『現代社会』の教科書は，「日本では1980年代ごろまで，勤続年数に応じて給料が上がる年功序列型賃金制が維持され……」と述べています。しかし，これは不正確なのです。

　「年功」という言葉に，もっと注意を払ってみましょう。「年」と「功」，つまり，「勤続年数」と「功績（＝成果）」です。勤続年数のみならず功績も人事

評価の対象であり，ただし，勤続年数の比重の方が（ずっと）大きいのが「年功序列型賃金制」なのです。専門事典や専門書には，こうした説明がなされています。「勤続年数に応じて給料が上がる」だけなら，「勤続年数序列型賃金制」という術語になるはずです。

こうした正確な知識・理解がないままだと，「かつて日本の会社では，勤続年数に応じて給料が上がっていたけれど，これではグローバル競争に勝てないということで，1990年代に入って成果主義が浸透し，年功序列は崩壊した」などと，間違った知識・理解を与えてしまいます。かつても成果（功績）は人事評価の対象でしたし，年功序列型賃金制は崩壊したわけではありません。

以上のように，**教科書の記述はすべて正確なわけではありません。授業を担当する単元に出てくる教科書の重要語句・関連語句はすべて，専門事典で調べましょう。**これは不可欠の作業です。教材研究では，教科書の記述の一語一語にもっと気を配って読み込み，調べものをすることです。**調べものは，国語辞典では，ましてやネット検索では不充分**です。国語「辞」典ではなく専門「事」典で調べましょう。

具体的な概念・図・イラストで言い換えよう

抽象概念というと，「なんだか小難しい，意味のよくわからない言葉」を思い浮かべる人が多いでしょう。もちろん，そういう言葉もあります。しかし，抽象概念が苦手な人でも，実はしょっちゅう抽象概念を用いて説明しています。その代表の1つは形容詞。授業でなんらかの知識を説明する際に，形容詞を使っていたら，「これ，生徒にとっては抽象的だぞ。具体的じゃないからわからないぞ」と自分に注意信号を出しましょう。例を挙げます。

ある学生が，高校「地理B」で「国際化する米国のアグリビジネス」を扱った学習指導案を作成しました（図表略）。配布プリントに，「アグリビジネス＝（　　）に関する幅広い経済活動を総称するもの」という説明文があります。（　　）には，「農業」と記入させるのだそうです。

この説明文のなかの形容詞はどれでしょう。「幅広い」ですね。では，この説明文を読んだだけで生徒はアグリビジネスについて理解できるでしょうか。「幅広い」とは具体的には，何から何までを指しているのでしょう。もし，具

2　説明と発問は正確かつ具体的に　　　105

体的説明が，板書にもプリントにも，また口頭説明でも，全然なかったら，生徒は理解できません。つまりこの学習指導案は，「幅広い」という抽象概念を用いて，生徒にわからせた気になっています。

「幅広い」という抽象概念を用いることはもちろん必要なのですが，この形容詞が何から何までを指すのかという具体的説明とセットにすることが不可欠なのです。品種改良などの研究，農産物の生産，その買い取り（卸売り・商社的機能），農産物の加工，輸送，外国との貿易，国内での小売——。

「『穀物メジャー』って，こんなことからこんなことまで，やっているんだよ」と，アグリビジネスのこうした「幅広さ」を，図やイラストを用いて具体的に説明しましょう。こうすれば，生徒は「なるほど，幅広いなあ」とわかるのです。農業というと，お百姓さんが田んぼや畑を耕して……という常識が破られて，「農業って，ビッグ・ビジネスになっているんだ」と新しい発見に揺さぶられるわけです。

さて，「的」をつけると形容詞になる名詞があります。だから名詞も，注意信号が必要です。たとえば「産業革命」。これを扱った学習指導案は，次のようなものが多いです。「今日は産業革命について学びます。技術革新が起こりました。最初に紡績機が改良され，糸がたくさん生産されました。それをもっと速く織らなければならないので，次に紡織機が改良されました。スピードが何十倍にもなりました。こんなふうに産業革命が進みました」。

たしかに，生徒がなぞっていけるように，事項が順番に並べられています。では，以上の流れの，どこがどう「革命的」だったのでしょう。それを具体的に説明してみましょう。具体的な説明とは，あたかも自分がそこにいるよう，生徒に感じさせることです。それができたら，知識の表面だけをたどったり，ただ暗記したりするだけの生徒は減るはずです。

産業革命当時の人びとは，「何が起こっているの？ なんでこんなになっちゃったの？」と，商工業や交通，日常生活・人生の激変ぶりに驚愕し恐慌をきたしていました。だからたとえば，職場や町並みや住居などの激変ぶりがわかるイラストを用いてみましょう。私たちは，当時の人びとと同様に血肉のかよった人間なので，そうしたイラストを見たら，「うわ，こんな時代に生きていたら，自分もマジでビビるわ」と生徒は感じるでしょう。

「産業革命」は，後に人びとが「なんとまあ，革命的であったことよ」とふり返って，そう名づけただけです。だからこの抽象概念を用いずに，生徒がその時代に生きているかのように思える授業をしてこそ，産業革命を学んだ，といえるのです。

ひと手間加えてクイズにしよう

教科書と資料集の図表やイラストは「のっぺり」しすぎていると思いませんか。「のっぺり」は副詞なので，やはり抽象概念の一つです。そこで急ぎ，具体的に説明します。この概念で筆者がいいたいのは，**教科書と資料集の図表やイラストは，そのままでは生徒の思考を刺激しないことが多い**，ということです。例を挙げます。

「現代社会」には労働問題を扱う単元があります。ある学生は，「教科書○○ページにある，主な国の年間労働時間を比較した棒グラフを見せ，『日本人の労働時間は国際的に見て長いです。その原因は，残業が多いからです』と説明をする」と指導案に書いています。

しかし，みなさんは，「年間」労働時間の数値を見て，労働時間がどれだけ長いか実感できますか。できないと思います。教える相手の生徒は，なおさらできません。「日本は，年間1754時間，ドイツは1340時間，だね。12で割ったら，1カ月平均の労働時間がわかるよね。そう，146時間と112時間。34時間の差がある。これを4で割ってみよう。一週間あたり，日本はドイツよりも8.5時間長く働いていることになるね」。こんなふうに，**ひと手間加えてミニ・クイズにすると**──しかも，使っている技能は小学校で習った割り算です──**生徒の思考と感性を刺激できます**[7]。

もう一例挙げます。「世界史」で，産業革命が工場制機械工業と，資本家／

7　日本の月平均労働時間146時間を4で割ってみましょう。一週あたり36.5時間にしかなりません。これのどこが長時間労働なのでしょうか。実は，そもそもの年間労働時間の統計には，短時間勤務のパートやアルバイトといった非正規雇用者が含まれています。したがって，正社員であることを理由に過重な責任を負わされ長時間労働を強いられているような労働者の実態については，この統計からはよくわかりません。レベル2やレベル3にステップアップするには，こうした点にまで掘り下げた教材研究が必要になります。

2　説明と発問は正確かつ具体的に　　107

図6-5 学習指導案に添付された配布プリントの一部(当時の労働現場の様子)

労働者という階層分化を進展させたという箇所です。ある学習指導案には、次のように記されています。

「いま配った紙に描いてある絵を見てください。これは、当時の労働現場の様子です。この絵を見て気づいたことを何でもいいから下の欄に書いて下さい。書き終わったかな？ じゃあ、発表してくれる人。→生徒からの反応。そうだね、子どもなのに働いていたりしているね。こういった酷い生活をしているのは労働者なのです。」

「いま配った紙に描いてある絵」とは、世界史資料集から切り貼りした、織物工場のイラストです（図6-5）。絵を見て、当時の工場の様子と社会階層について考えさせるのは良い工夫です。しかし、これでは生徒は考えません。なぜなら、この絵のなかにはすでに「女性」「少年」「監督」「工場経営者（資本家）」と **「答え」** が書いてあり、**意外性（驚き）** がないからです。だからプリントを作るときは、これら「答え」の部分を修正液で消して「この人たちは誰だろ

う？ 何歳くらいかな？」と発問すると面白いでしょう。

　こうしたミニ・クイズによって生徒は，「えっ，これが少年？ なんだか老けてるじゃん。マジで，15歳とかなの？」といった驚きがあるでしょう。「そうだよ。5歳か6歳のときから何時間も働きづくめだから，そりゃあ，早く老けるんだよ」と言いながら，資本家階級のピチピチ・ツヤツヤの子供たちのイラストを見せれば，本時の目標＝資本家／労働者という階層分化について，ググッと理解が進むでしょう。

3 資料は「読ませる」のではなく 「読み解き方を教える」

　第4章では，「7つの勘違い」の4番目として，「資料を活用すれば良いわけではない——読んで考えさせるには時間が要る」と指摘しました。これを理解し対応することは，レベル1の「時間どおりに終わりそうである（p.80）」をクリアするために不可欠です。

　ここからレベル2へステップアップし，かつ完璧にするには，知識が飲み込みやすく整理されていることが必要です。**知識には，資料を読み解くことで理解が深まるものがたくさんあります。**[8] **したがって，どういう指示や発問をすれば，生徒は資料，とくに統計資料を読んで考えるのか工夫が必要です。**この工夫ができていると，メリハリのついた授業になります。具体例を一つ挙げて説明しましょう。

　産業革命で，イギリスが「世界の工場」と呼ばれた理由を理解させる箇所です。Nさんの指導案には，次のように記されています。

「当時イギリスは，『世界の工場』と呼ばれていました。この資料を見て，その理由を考えてみましょう。→加工貿易を行うことによって，『世界の工場』という地位を築いたことに気づかせる。」

8　そういう学習をもっとしっかり行おう，というのが近年の学校現場の流れです。この具体例を理解しておくと，第8章で紹介する（p.143），ジグソー法（アクティブ・ラーニングの方法の1つ）のやり方の理解も深まります。

「この資料」とは，世界史資料集から切り貼りした，イギリスの輸出入金額の経年変化のグラフです（**図6-6**）。このグラフの下には，Nさんが自ら1行，「1850年の世界輸出総額3億6100万ポンドのうち，19.8％を占める」と解説を付けています。

　みなさんに質問です。この指導案には何が足りないでしょうか？ 次の段落を読み進める前に，ここでストップして考えてみてください。足りないものは少なくとも4つあります。

　第1に，縦軸に関する解説がありません。生徒は「£」を読めません。しかも単位が1000ポンドだから，15万とは150,000 × 1,000 ＝ 1億5000ポンドである，と計算してみせて解説しなければ，生徒は理解できません。しかも，こんなにたくさんゼロが並んでいる数字を普段は見ていないから，数字を読み取るだけでかなりの時間がかかります。

　第2に，横軸について考えさせていません。このままでは，単に西暦が（だいたい）10年おきで並んでいるだけです。スティーヴンソンが蒸気機関を実用化したのはいつか。マンチェスターとリヴァプールのあいだで鉄道が開通したのはいつか。それぞれ，1825年，1830年のところに，矢印を付けて記入させれば，1844年前後から完成品の輸出が急増した理由が「なるほど！」と理解できるはずです。

　第3に，グラフの変化に注意を向けさせる指示や問いかけがありません。「輸出のグラフで，傾きが急激になったのは何年ごろかな？」「そうだね，1844年ごろだね。でもなぜだろう？ これに影響を与えた原因を，年表で探してみようか」といった発問をすれば，生徒はグラフを読み解くことの面白さを味わえるでしょう。

　第4に，「1850年の世界輸出総額3億6100万ポンドのうち，19.8％を占める」とあらかじめ解説しているので，生徒から考えるチャンスを奪っています。そうではなく，「1850年の世界輸出総額は3億6100万ポンドでした。イギリスの輸出額は，これ，7100万ポンドなんだけど，何％を占めるだろう？」と問うて，「そうだね。たった一国で世界の2割だよ。すごくない？」と解説すれば，「ホントだ，『世界の工場』だわ！」と生徒は納得します。

　以上からわかるように，資料は単に「読ませる」だけでは生徒は読めないの

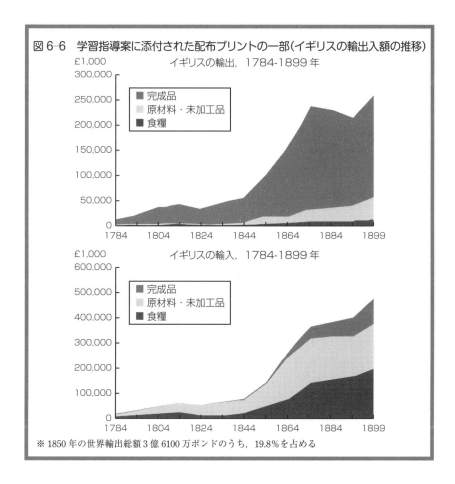

図6-6　学習指導案に添付された配布プリントの一部（イギリスの輸出入額の推移）

であって、「読み解き方を教える」必要があります。**理解の順次性**をふまえるには、比喩的に言えば、必要に応じて**「理解の補助線」を引いて見せる**ことが必要です。それがないと生徒は、「この資料は○○を表している」と、試験に頻出する資料の丸暗記に走ります。これではもったいない。資料には謎が埋まっています。その謎の読み解き方を手ほどきし、そこから生じる発見のもつ**意外性＝驚き＝面白さ**を、生徒と共有したいものです。

3　資料は「読ませる」のではなく「読み解き方を教える」

4 事実の羅列を「謎解き物語」に

　レベル３の学習指導案は，生徒の思考を適切に流れさせており，「これを頭のなかに残してほしい」というメッセージが有意味かつ明確である，の２点を充たすものでした。これら二つはバラバラなものではなく，密接につながっています。なぜなら，両者は「謎解き物語」のなかに包み込まれているからです。では，「謎解き物語」とはなんでしょうか。これを理解すると，レベル３の学習指導案のイメージがハッキリつかめるでしょう。

教科書はたいてい無味乾燥に感じる

　生物学者の福岡伸一博士が述べていることですが，理科の教科書がつまらない。暗記すべき生物体のパーツや物質の名前が羅列され，「○○とは〜である」「○○は〜の機能がある」式の定義が延々と続いている。これでは，科学者が仮説を立てて実験や解剖に挑むことを繰り返し，そのなかで重要な発見をしたときのワクワク感やドキドキ感が，まったく伝わってこない。でも教科書は，そうした知的興奮が伝わるものでなくてはならない，と。

　「やっぱり。社会科の教科書も同じだよね！」と筆者は思わず膝を打ちました。社会科の教科書は，事実の羅列であることが大半です。みなさんが，それを読んで「うわぁ，ワクワクする！」「マジでドキドキした！」と知的な驚きや刺激がないままに学習指導案を作成したら，まず間違いなく，無味乾燥な授業をやってしまいます。

　たとえば東京書籍『現代社会』122 〜 123 ページの「新しい人権と人権の国際的広がり」は，「社会権がそうであったように，人権は歴史のなかで発展する。現代においてもいくつかの新しい人権がとなえられるようになった」と始まっています。みなさん，ここに知的刺激を感じましたか。おそらくそうではないでしょう。ならば，この箇所を生徒に読ませたり，あるいはこれをなぞった説明をしたりして，知的刺激を受ける生徒は，よほどの生徒です。たいていの生徒は，そのあとに続く「環境権」「プライバシーの権利」「知る権利」の語句説明を読んでも，「ふーん，あっそ。これ，暗記しなくちゃいけないの？」

と思うだけです。

　この**無味乾燥に感じる事実の羅列を「謎解き物語」へと変える**ことができるか。そこが腕の見せどころです。ここでいう「謎」とは，授業全体を包み込む大きな問い（謎）であり，個々の発問とは異なります。個々の発問と解説が連なって，最終的に全体の謎解きがなされるのです。第5章で検討した元寇（モンゴルの襲来）の例でいうと，「元寇（モンゴルの襲来）は，鎌倉幕府の衰退に，どのように影響したか？」というのがそれです（p.89）。これに対して「将軍と御家人とのあいだにはどのような関係があったか？」や「徳政令で借金棒引きになったら，お金を貸す方はどう思うだろう？」などは個々の発問です。

　授業全体を包み込む大きな問いは，通常「テーマ」と呼ばれています。英語に "Theme is argument." という言い回しがあります。「テーマとは議論である」。議論を喚起するのがテーマであり，それは問いのかたちにできます。「元寇（モンゴルの襲来）は，鎌倉幕府の衰退に，どのように影響したか？」——それには，たくさんの見解があります。だから議論が起こるのです。**テーマすなわち授業全体を包み込む大きな問いを考え出すこと**で，授業を謎解き物語にすることができれば，生徒の思考を適切に流れさせる授業になるでしょう。

「謎解き物語」がひらめくには

　ではどうすれば，謎解き物語を創ることができるのでしょうか。どうすれば，「つまんない」「無味乾燥だ」というフィーリングを，授業全体を包み込む大きな問いのひらめきへと繋ぐことができるのでしょうか。

　謎解き物語がひらめかない原因は，実は，感性と知性が刺激されるチャンスの欠如にあります。このチャンスを経験するには，**教科書・資料集以外のものも参照する習慣をつける**ことです。教科書と資料集をなぜ無味乾燥に感じるのかは，感性と知性が刺激されるもの，たとえば新書や新聞記事を読むことで初めて気づけるからです。第3章の**図3-3**のグラフで見たように，実習生の「教材研究」の成績が芳しくないのは，教科書と資料集しか見ていないからです。だから実習日誌のG先生も，関連書を幅広く読みなさい，と繰り返していたのでした。

　104ページに挙げた「現代社会」で労働問題を扱った単元の指導案には，

4　事実の羅列を「謎解き物語」に　　113

「OECD 諸国の主な国の年間労働時間を比較した棒グラフを見せ，『日本人の労働時間は国際的に見て長いです。その原因は，残業が多いからです』と説明をする」と書かれていました。続けて，「そのあと，残業を減らす方法についてグループワークをさせる」とあります。

　「へえ，なかなかうまく授業展開ができてるじゃん」。そう思った人もいるでしょう。しかし労働時間という統計数値だけだと，日本の残業問題がどれくらい深刻なのか，充分リアルにはわかりません。

　新聞を開いてみましょう。過労死・過労自死のことが常々載っています。たとえば『朝日新聞』2014 年 11 月 6 日朝刊の 34 面には，「自宅残業で自殺 労災認定」「自作教材から作業量推定」という見出しで，金沢地裁が，大手予備校講師だった 22 歳女性の自殺を労災認定した，とあります。1 カ月の持ち帰り残業は 82 時間。友人や同僚に宛てた「家帰っても全力で仕事せないかんの辛い……」というメール。彼女が自宅で作成したレッスン教材の写真。

　この記事を読めば，教科書との落差が，驚きとなって迫ってくるでしょう。「教科書には，こんな深刻な現実が，まるで書かれていない。月 82 時間って，一日何時間，残業だよ !? この深刻さをメッセージとして伝えたい！」と。すると，「日本の残業・長時間労働問題はどれくらい深刻なのか？」というテーマ＝授業全体を包み込む問いがひらめきます。つまり，感性と知性が刺激されてはじめて，伝えたいメッセージが生まれ，テーマが浮かんでくるのです。

　こうなれば，「月に 20 日働くとして，82 を 20 で割ると幾つになる？──1日働いた後，4 時間も残業する勘定になるね」といった個々の発問も思いつくでしょう。こんなリアルな現実認識が得られるミニ・クイズを入れれば，残業を減らす方法を考えさせるとともに，本質的な知識・理解を与えることができるのです。

5　資料しか使わない先生の名人芸

　「僕はね，まず，このプラモデルを生徒に見せるの。それから，このプリントを配って考えさせるんだ」。ある高校の世界史の先生が，そう説明してくれたことがあります。「このプラモデル」というのは，第一次世界大戦時にソビ

エトが有していた戦車，「このプリント」とは，戦車の構造や性能，保有台数に関する表が掲載されたプリントです。

　授業は第一次世界大戦についてです。この先生は，穴埋めプリントを使いません。使うのは，資料プリント（とプラモデル）だけ。戦車一台当たりのトン数×保有台数を計算させて，「これだけの鉄をつくりだすのに，どれだけ溶鉱炉を使い続けたか。労働者はどれだけ働いたか」「破壊された戦車は野ざらしにされた。どれだけの鉄が無駄になったか」を板書しながら説明し，生徒に考えさせます。

　どの国とどの国がなぜ戦ったか，どこがなぜ負けたか，戦後どうなったか，年号や国名や人名や経過について知識・理解を得ることは重要です。しかし，この先生はこれらに加えて「戦争のとてつもなく非人間的な浪費」というメッセージを，生徒が各自の頭のなかに残してほしいのです。それを，資料プリントだけでやっている。これはレベル3の，しかも名人芸といっていいかもしれません。

　この先生が名人芸の授業ができるのは，第1に，労を惜しまず，あれこれと資料を探しているからです。プラモデルの箱に入っている，戦車の構造や性能に関する説明の紙を手がかりに，第一次世界大戦についての歴史書を探して，戦車の保有台数や溶鉱炉の稼働状況，労働者の様子，戦闘の結果などについて知識を得ていく。そのうえで，第2に，どういう指示や発問をすれば生徒は読んで考えるのか，有意味であることをわかってくれるのかを一生懸命考え続けているのです。みなさんにも，せめて心意気だけでも，是非とも見習ってもらいたいなあと思います。

　レベル1から2へ，さらにレベル2から3へとステップアップすることを難しいと感じる原因は，自分自身にとって当たり前すぎて捉え直すことのない，これまでの勉強の仕方，物事や人間に対する見方・考え方・感じ方にあります。それらは，自分以外の人からの指摘・アドバイスがあると，「ああ，そうか！」と気づけます。そこで本章は，ちょっとした，でも見逃すべきではないコツを伝えてきました。

　自分以外の人からの指摘・アドバイスは，学習指導案作成においてのみなら

5　資料しか使わない先生の名人芸　　　115

ず，授業リハーサルや模擬授業，あるいはアクティブ・ラーニングに挑戦して
みることにおいても不可欠です。次の第Ⅲ部では，その効果的なやり方につい
て説明していきます。

第Ⅲ部　教職専門性の総合的なブラッシュアップ

　第Ⅰ部では，教育実習に臨むにあたっての準備について，第Ⅱ部では実際の指導案作りに関して，述べてきました。レベル1の指導案が作れるようになればレベル2をめざして，レベル2に到達すればレベル3をめざして。指導案のブラッシュアップには終わりがありません。ただしこのブラッシュアップは，授業をおこなうという教職の専門性全般のブラッシュアップと連動しています。

　指導案だけでなく，授業そのものも，繰り返し練習することで少しずつブラッシュアップしていくことが求められます。第Ⅲ部では，一度は仕上げた指導案を実際に現実化していくということに焦点を当て，指導案と授業力の向上の方法を考えたいと思います。

　第7章では，リハーサルや模擬授業という練習をとおして，指導案や授業力を向上させる方法や留意点を述べます。第8章では，授業実施において特に近年注目されているアクティブ・ラーニングに焦点をしぼり，その目的や具体的な手法，そして留意点を述べます。

　この2つの章では，すでに第Ⅱ部で述べた，授業の実施におけるさまざまな留意点（たとえば時間どおりに実施できるように準備することや，発問の質など）と重なる点が多くあります。なぜなら授業をおこなううえで，これらはなくてはならない重要な視点だったり，欠けてはならない基礎の基礎だったりするからです。そこで，場合によってはいささか重複する部分もありますが，重要な点は繰り返し述べていきます。

　このようにして授業の準備が整ったならば，いざ，教育実習に行き

ましょう。ところが，そこでみなさんが直面するのは，実習前に大学でどうしてもいわば「練習試合」にならざるをえなかった学びと，実習での実態の乖離です。ではこの乖離は，大学での実習教育の無意味さを表しているのでしょうか。そうではありません。教師という職は若いうちから理想に到達できるものではありません。一つひとつの指導案や授業と同様，繰り返し練習と実践を積むことで，力量を徐々につけていくことが求められる，そんな仕事です。したがって，教師という仕事は，長期的な視野で捉えなければなりません。本書で，大学生にはかなり高い水準となる「レベル3」の指導案を提示するのも，みなさんにそうした視野をもってもらいたいからです。そして教育実習は，その長い道のりの第一歩であり，そこでは，遠い未来の「理想」まで含めて学ぶ大学での教職課程では知りえない，もっと基礎的で現実的な何かを学ぶことができます。教師としての長いキャリアデザインをも視野に入れて，実習で現実の厳しさや限界を体験することの意味を，最後に考えたいと思います（第9章）。

第**7**章　学習指導案とリハーサル・模擬授業の
往復——良い試行錯誤とは

　第4章で，指導案は一筆書きでは書けないから，何度もリハーサルをはさ
みながらブラッシュアップしていくものだ，と述べました。**創造的な行為（授業
をすることもそうです）とは**，そうした**試行錯誤の成果**でしかありえません。まし
てや指導案を書く素人の大学生には，何度も何度も自分の指導案を「歌い直
す」必要があるのです。

　では，リハーサルはどのようにすれば良いのでしょうか。ただ何回も繰り返
しリハーサルすればいい，というわけではもちろんありません。本章では，一
人でのリハーサル，人前でのリハーサル，そして模擬授業を実施し振り返りを
行う目的（第1節）と，ICT機器を用いた有効な振り返りの方法（第2節），そ
して指導案や授業力をブラッシュアップするための授業分析の方法（第3節）
を述べたいと思います。

1　リハーサルはなんのため？

現実化することによってわかる

　そもそも，リハーサルはなんのためにするのでしょうか。練習をして，間違
えないようにすることが目的でしょうか。もちろんそれも目的の一つですが，
リハーサルの目的はそれだけではありません。

　英語に，realize という言葉があります。辞書を引くと，「わかる」「理解す
る」といった意味が最初に出てきます。ですが，この言葉の本来の意味は，
real にすること，現実化すること，実現することです。なにかを**現実にするこ**

1　リハーサルはなんのため？　　119

とは，**それを理解するということなのです。**

　私たちは，授業風景を頭で思い描いて作った指導案を，リハーサルという形で現実化することによって，その良し悪しや意味，改善点といったことを，理解できるようになります。逆にいえば，**現実化しないかぎり，わからないことがある**のです。たとえば，「平方完成を理解させる」と指導案に書いた内容をどんな言葉で表現するか。生徒の反応はどのようなものか。こうしたことを，教師役として声に出し，生徒役に答えてもらうというプロセスを現実のものにして実感としてわかりながら，指導案をより良くしていきます。

　その際に，一人でリハーサルするのか，数人の前でリハーサルをするのか，正式な「授業」の形をとるのかとらないのかによって，目的や方法が異なることがあります。そこで本節では，それぞれの形の違いに注目しながら，リハーサルの実施方法を述べたいと思います。

一人リハーサルはなんのため？

　指導案を作成しながら最初にするのは，自分一人でおこなうリハーサルです。指導案を書いている途中や，全部書き終えてから，そのつど，指導案に書いたものを声に出して実施してみましょう。

　一人リハーサルをおこなう目的は，主に三つです。

　一つめは，紙に書いた指導案を**言葉として具体化する**ことです。これは，「セリフバージョン」の指導案を作ること（→第4・6章）と連動しています。たとえば古典の授業の指導案で，導入に「前回の復習：推量の助動詞の種類と意味を確認する」としていたとします。この一行を実現するには，「ではみなさん，前回の授業でやった助動詞，なんだか覚えていますか？　○○さん，覚えてる？　そう，完了だよね。完了には四つの助動詞があったんだけど覚えているかな？」といった数行の言葉が必要になります。しかもこのときに，四つの助動詞だけ確認するのか，それともそれぞれの助動詞の活用まで復習するのかによって，導入にかかる時間が大きく変わってきます。これは，単に時間の問題だけではありません。本時の授業への展開の仕方とも大きくかかわってきます。

　導入から展開に進むときに，「じゃあ今日は『可能』の助動詞をするよ」と言えば，これまでの「完了の助動詞」の話とここからの話は関係がなく，話題

を切り替えることになります。「完了の助動詞の『り』と間違えやすい『可能』の助動詞についてやるよ。完了の助動詞の連体形は『る』だったよね」といえば、前回の授業との連続が見られます。ですから、導入の段階で助動詞「り」の活用形まで確認しておく方が、流れがスムーズです。このような違いによって、その後の進め方も大きく変わってきます（なんでも連続している方が良い、というわけではありません。前回の授業内容と本時の授業内容をきっぱりと区切っていくという授業の方法もあります）。

　リハーサルをおこなう二つめの目的は、授業の実現に必要な時間を明らかにし、**50分という授業時間にふさわしい指導案を作る**、ということです。まずは、自分がA4用紙1枚分の内容をしゃべるときにかかるおおまかな時間を把握しましょう。そうすると、指導案を修正するときにも、セリフバージョンでは何枚ぐらい修正するかということの目安がたてやすいです。

　さらに、リハーサルを繰り返すことで、**50分という時間感覚を身体にたたきこむ**ことができます。ベテランの教員ともなれば、20分と時間を決められればそれにぴったりの時間で話すことができるようになります。もちろんここまではムリだとしても、5分、10分といった時間の感覚は、練習次第で身につきます。これを身につけておくと、たとえば仮に授業時間がうっかり余ってしまったときに、「あと5分あるからこのぐらいの話を追加しよう」といった判断ができます。そして、うっかり早く終わってしまってもなんとかなる、と思えるのと思えないのとでは、授業に臨む安心感が大きく違います。

　このように、言葉を具体化し時間を具体化することで、指導案は少しずつできあがっていきます。おおむねできあがったら、三つめの目的のために一人リハーサルをします。それは、**授業の構造や盛り上がり場面を確認する**、ということです。授業は、導入、展開、まとめ、と三段階構造で計画することが一般的です（→第4章）。紙面上では、導入がその後の展開を導くうえでふさわしい導入になっているか、展開では発問の一つひとつ、知識の一つひとつが積み重なっていっているか、まとめは本日の学習を整理しなおすものになっているかなど、論理的な構造になっているかをチェックできます。

　しかし、実際の授業では、論理的で適切であるだけでは、授業構成の効果は伝わりにくいものです。むしろ、**口調や声量、ジェスチャーを通して、「こここそ考**

えてほしいポイントだ」と伝える必要があります。そこで，**一人リハーサルを通して，「ここがハイライト」という盛り上がり場面を設定すること**が重要になってきます。盛り上がる場面こそ，授業の中で最も生徒に強調したいこと，つまり本時のテーマになっているはずです。

　実際にリハーサルをしてみるとわかりますが，授業は，最初からはテンション高く盛り上がれないものです。教師自身がその授業にぐっと入り込まなければ，勢いよく語ることも熱意をこめて伝えることもできません。自分は語っているとどんなふうにエンジンがかかってくるのか。どんな内容だとエンジンがかかりやすいのか。何分ぐらいたつと自由闊達に話せるようになるのか。そうした教師自身の思考の流れ（アクティブさ）と，指導案の内容とがしっかりと合致しているかどうかを見極める必要があるのです。

　また，言葉にして具体化すると，**授業全体の構造やバランス**が見えてきます。指導案上でざっくりとながめたときには，対話やグループワークが適度に配置されているように見えても，いざ言葉にしてみると，対話とグループワークは序盤で終わってしまって，中盤からは教師が一方的に話す指導案になってしまっている。あるいは逆に，対話を多く取り入れようとしすぎるあまり，グループワークをしっかり振り返る時間がない。こうしたことが生じていないか，言葉にしてチェックしてみましょう。

　こうして，授業の構造も明らかになれば，指導案がほぼ完成したことになります。

人前リハーサルはなんのため？

　指導案がおおむね完成したら，今度は友人や家族など数人を前にして，リハーサルをしてみましょう。この目的は３つあります。

　一つめは，特に初学者にとって重要ですが，**人前で授業することの恥ずかしさに慣れる**ということです。人前で話すのが大好きという人ならともかく，多くの人にとって授業は，たとえ数人の前でも，緊張したり，恥ずかしくなったりするものです。人前リハーサルをしたところですぐに恥ずかしさがなくなるわけではありませんが，それでも恥ずかしさそのものに慣れること，恥ずかしくなるとどんなふうに自分はふるまいがちなのかを知っておくことは，実際の授

業において役に立ちます。

　二つめは，**自分の動作をより臨場的に具体化すること**です。一人リハーサルは言葉の具体化が中心でしたが，人前リハーサルでは，きちんと生徒の前に立ち，自分がどのように立ちふるまうのか，いつどこでどんなふうに歩いたり，手を挙げたり，板書したりするのかなど，動作を具体化することになります。ですから，できることなら黒板や教材，教科書や資料，ノート等を，本番と同じように使ってください。

　教科書を開くこと。プリントを配布すること。板書をするためにチョークを持つこと。こうした**動作の一つひとつはそれぞれに，時間を要します**。授業はこうした小さな動作の積み重ねです。一人リハーサルでは気づかなかった，自分の立ち居ふるまい方。要している時間の長さ。こうしたことを具体化しておきましょう。

　三つめは，**生徒の動作を具体化すること**です。これには，生徒役をつとめてくれる友人たちの協力が必要になります。指導案には，生徒の学習活動を記入する欄があります。授業を現実化すると，生徒は自然にその学習活動をすることになるかどうか，チェックしてください。生徒にとってはムダな動きをさせてしまったり，一つの動作が完結しないのに次の行動をさせてしまったりすることがあります。

　たとえば，資料集を開かせてあるグラフを読ませて，そのあとすぐに教科書のグラフを読ませる。その次にもう一度資料集を開かせるなら，生徒には，最初に資料集を開かせたあと，閉じさせない方が，生徒にとっても楽だし，余計な時間のロスがないわけです。けれど，「資料集はそのままそのページを開けておいてね」という指示がなければ，生徒は資料集を閉じてしまいます。あるいは，閉じさせないでいると，もしかすると机の上がいっぱいになってしまい，実は教科書が使いにくいかもしれません。こうしたことを確かめられるのが，人前リハーサルです。

　また，生徒に教師の言葉を実際に聞いてもらうことによって，教師の表現や説明が他の人にもわかりやすいかどうかも，確認できます。たとえば自分では練りに練った発問のつもりが，生徒役からすると，「何を答えればよいのかわからない質問」ということがあります。**生徒役の答えがとんちんかんな場合，発問**

1　リハーサルはなんのため？

の仕方を修正する必要があるのです。

人前リハーサルをすると，以上3点がチェックできます。このチェックをもとに，指導案をブラッシュアップしましょう。教師の動きがスムーズで，言葉が明確であること。生徒たちが何をするのか，そこで何を学習するのかがはっきりしていること。こうした検討を重ねると，指導案はより良くなるはずです。

模擬授業はなんのため？

ここまで指導案やその練習ができれば，いよいよ模擬授業です。模擬授業では，指導案だけでなく，授業スキルそのものを検討できます。なるべく10人以上の生徒役の人に協力してもらいましょう。またなるべく，実習校と同じ規模の教室で実施しましょう。教材なども，本番とまったく同じように準備をします。

ここで述べる模擬授業の目的は，四つです。

一つめは，人前リハーサルよりもずっと高い緊張に慣れる，ということです。シンプルですが，大事です。模擬授業を重ねるだけでは「緊張しなくなる」ことはできないとしても，「緊張する自分に慣れる」ことはできると思います（そして**「緊張した」ということは，真剣に取り組み，自分の未熟さに直面したということです。これは経験から学ぼうとする謙虚な姿勢があったということであり**，学習者として重要なことです）。

また，緊張することによって生じるたくさんのトラブルにも慣れることが必要です。たとえば時間の大幅なずれ。人前リハーサルでは何度も時間をはかり完璧な時間配分だったのに，模擬授業をしてみたらまったく予定どおりにいかなかった，ということがよくあります。それは，**「大勢の人に話しかける」**ことと**「数名に話しかける」ことはまったく異なる身体活動**だからです。特に，大勢に話しかけると多くの人は，その人たちから拒否されている，と感じます。なぜなら，一人ひとりをよく知っているとしても，集団としての聴衆は，そうした一人ひとりの顔をなくしてしまうからです。友人たちの顔も，大勢になると，ただ自分の授業（の不出来さ）を冷たくまなざす視線に容易に転化してしまいます。

興味深いことに，大勢を前にしていると，その集団の中で目立った動きをする個体の存在だけが，急に際立ってくることがあります。たとえば，誰か一人

が大あくびをしたとき。居眠りを始めたとき。教師の指示にしたがわず別の行動を始めたとき。そうした動きは，たった一人の生徒のものなのに，とても目立つため，**クラス集団みんなが同じように退屈だったり眠かったり指示にしたがわなかったりしている，というように，授業者には感じられるものです。**

　実際に模擬授業をしてもらうと，ゼミの仲間だったり同じ授業を取っていたりと，ふだんはすっかり打ち解けている者同士なのに急に怖く感じた，と多くの学生は言います。ましてや教育実習先では，どうでしょうか。生徒たちは本当にまだほとんど知らない相手で，自分の授業を多くの生徒が本当に「おもしろくない」「退屈」「わかりにくい」と思っているかもしれないのです。ですから，模擬授業をとおして，聴衆が怖い，という体験を何度も繰り返し，**「怖く見えても大丈夫」「怖くなってもなんとかなる」と自分に納得させることがとても大切**になります。

　模擬授業をする二つめの目的は，教室での自分の声量やふるまい方，板書の仕方をチェックすることです。特にトレーニングが不足していると模擬授業で最初に起きるのが，**声の届かなさ**です（→第2章）。声は，ただ単に大きければ相手に届くというものではありません。**相手に届けよう，この人に聞いてもらおう，という明確な意思と，相手の「聞こう」という姿勢とがあって初めて，届くものなのです**。ただしここで注意したいのは，授業というものは，生徒は必ずしも「聞こう」としているわけではない，ということです。聞こうとしていない人にも届けるには，かなり強いメッセージ性（届けようとする強い意思と明確な内容）が必要です。そのような声になっているかどうか，生徒役に確認してもらうことが必要です。

　また，模擬授業では特に，教室内の人数が増えることによって声が届かなくなることもチェックできます。衣類は音を吸収しますから，生徒が数十人いると，それだけでかなり音が消えてしまうことも，大勢の前で模擬授業をしてみるとわかるはずです。

　9　ためしに，複数のペンを目の前に置いてみてください。3本，4本ぐらいまでは，何色のペンが何本あるのか，いちいち数えたりしなくても，見た瞬間に理解できますが，5本，6本，7本となってくると，端から順番に数え上げなくては，個数やその一つ一つの違いが正確にはわかりません。

三つめは，たくさんの生徒を前にすることによる，**生徒の多様さにぶつかること**の確認です。生徒は一人ひとり，考え方も発想も，授業への興味関心の度合いも異なります。簡単だと思った自分の発問に対して，なかなか正解が出なかったり，思いがけない解答が出される，ということがしばしばあります。実習校でのこうした体験に備えて，生徒役には，教師の発問に対してさまざまな反応をしてもらうようにしましょう。

四つめ。これがもっとも重要なチェックポイントです。それは，**生徒が望ましい解答をできなかったときの，教師としての自分のふるまい方**です。生徒の示した不正解に対して，なんと答えるのがよいのでしょうか。「うーん，じゃあ次の人」これでは，答えた人をムシしていることになります。「ありがとう。じゃあ次の人」これも，一見するとやわらかく対応しているようでいて，ムシしている点では同じです。「違うんだよな……」「なんでわかんないの？」論外です（こんなことを言う人はいないと思いますが）。

実はこれは，**自分の教材研究の深さが問われる**ところです。英語を間違って訳してしまう。方程式を生徒がうまく立てられない。評論の指示語の意味するところが正しく読み取れない。こうした「不正解」は，生徒がその問題をどのように間違えやすいのか，つまりその問題はどのような性質をもっているのかを示しています。**教材研究をするとき私たちは，「どうすれば正解に至るか」を考えがちで，「この教材はどのように間違えられやすいか」という点を分析することを怠りがち**です。

そしてもしもその分析を十分にしていれば，生徒が出した不正解の理由がわかるはずです。**生徒がどこまで考えることができ，どこからわからなくなったかを見抜くことができます。**そうすれば，次のような返しが可能になります。「なるほど，○○って考えたからこういう答えが出たんだね，これは△△がよくわかっているってことだね，だけど，たぶん□□がわからなくて，最後が混乱しちゃったんだね。じゃあこの□□がわかる人，解答を手助けしてあげられるかな？」

2 ICT機器を使った振り返り

さてこうしたリハーサルでは，一人リハーサルも，人前リハーサルも，模擬授業も，必ず録画をしましょう。今はスマートホンで簡単に録画できます。そのときには，しっかり**教室全体のアングルが捉えられるように**，**スマートホン用の三脚**を用意することをおススメします。

録画する理由は，そのあとの振り返りに役立てられるからです。恥ずかしいでしょうが，**録画した映像は**，**じっくりと**，**繰り返し見てください**。ここでは，人前リハーサルと模擬授業のビデオに関して，3点のチェックポイントを示しておきます。

特に大勢を前にした模擬授業では，自分の映像を見ると最初に目につくのは，**自分の身体が授業のあいだどのように動いているか**です。たとえば「机間指導」を充分しているつもりで，教室の前半分しか移動していなかったり，右側の列ばかり何度も行っていたり。机間指導として「巡視」しているつもりが，ただやみくもに歩き回っているだけだったり。

また，教壇に立っているときの自分の身ぶり手ぶりのムダな動きや，姿勢の悪さなども，すぐに気づけるでしょう。特に注意してほしいのは，**視線の向け方**です。たくさんの生徒たちを前にした授業では，多くの生徒たちに視線を向け，アイコンタクトをとりながら進めていくことが必要になります。ところが，上述したように生徒が怖いと，視線をその怖い対象に向かっては向けられません。これでは相手に声が届きません。自分がどこを見ているのか，丁寧にチェックしてください。[10]

10　これは映像を用いるだけでなく，自分や生徒役との振り返りのなかでも確認できます。模擬授業を終えたら，じっくり落ちついて，記憶に残っている生徒の顔を挙げてみましょう。そしてその生徒が教室のどこにいたのかを確認してみてください。前の方に偏ってはいないでしょうか。授業終了後に，生徒役に，「先生（＝自分）と目が合ったかどうか」を聞いておくことも有効です。生徒は，教師が自分をまったく見ていない，存在を認知していないと感じると，疎外感を抱き，授業に興味を失ってしまいます。自分がただ相手に目線を送るだけでなく，生徒にとっても目が合ったという経験になっていることが，重要なのです。

2　ICT機器を使った振り返り　　127

二つめ。さらに映像を見ることで発見できるのは，**授業の進行予定と実際の進行の時間のズレです**。はっと気づくと残り時間が 10 分を切っていた，というように，リハーサルで入念にチェックした時間がずれてしまった場合，そのズレにはあとから気づくものです。その**ズレがいったいどこから生じたのか**をチェックすることで，頭の中で考えてきた指導案を修正できます。また，実際の授業では，自分は指導案の予定からどのような理由でずれやすいのかも，把握できるでしょう。

　三つめ。授業全体を通して見ていくと，**自分の言い間違いにも気づける**と思います。気づかないだけで，日常的に他者と会話をしているときにも人は，かなりの言い間違いをしています。ところが，数名での対話では，聞いている側は，その文脈や話し手の表情などをとおして，言葉の奥にある「意味」を捉えているため，この言い間違いは気になりません。他方，**授業において生徒たちは，しばしば，先生の話（の一部）を聞いていません**。大筋を聞いているとしても，ノートに板書したり，隣の生徒と喋ったり，落とした消しゴムを拾ったりしているあいだ，先生の言葉は部分的には耳には届かなくなっています。

　すると，**教師が何気なく言い間違えた言葉を，その文脈に応じて正しく補正して理解する，ということができません**。授業で，教師の発問に対して生徒が「正解」を言えず，進行が予定から大幅にずれることがあります。その原因の一つとして，教師の言い間違いがあります。ビデオを見て，自分の言い間違いを確認することで，授業進行そのものの問題を発見できるでしょう。

3　授業分析のポイント

　映像をとおして前節のようなチェックができたら，今度はもう少し突っ込んで，授業の内容そのものを振り返る時間をもうけましょう。このときにも実は，映像は大変に重要です。ここでチェックしてほしいのは，一つめ「授業の手法や仕掛けは有効に生徒に作用しているか？」，二つめ「ICT 機器は目的に合わせて効果的に使えているか？」，三つめ「問いは発問になっているか？」，四つめ「言葉のやり取りは対話になっているか？」の 4 点です。

128　　　第 7 章　学習指導案とリハーサル・模擬授業の往復

授業の仕掛けは生徒の学びに活かされているか？

第1点。「授業の手法や仕掛けは有効に生徒に作用しているか？」授業では，生徒を正解に到達させるためや，ある能力を身につけさせるために，さまざまな工夫をします。たとえば英語の授業などでは，すべてを英語で実施する，といった手法が近年は取られるようになってきています。たしかに英語の授業の大半が日本語では，生きた英語力はつかないでしょう。ただしこの場合も，その授業で使われている英語の大半が生徒たちに理解されていなくては，英語力をつけることにはなりません。**意味のわからない言葉を50分間聞いているだけでは，なにも学習はおきません。**

赤ちゃんが聞いているだけで言語を習得できるのは，その言語が周りの状況の変化と連動していることを見るからです。「ごはん」という言葉とともに食事が出てきたり，「ママ」という言葉と共にいつも自分のことを大切にしてくれる大人の女性が登場したり。こうした情報の摂取とともに言葉が示されることによって，言葉の意味が，その使用方法とともに獲得されていきます。他方，**教室は生活空間ではないので，そこでは生きた環境の変化はなかなか起きません。**そこで，生徒役には，英語のみの授業で教師が言ったことがどれだけ理解できたのかを確認するようにしましょう。特に，語学を専攻していない人に生徒役をしてもらうと，この確認に有効です。

この英語の授業を典型例に，**授業の手法や仕掛けは本当にその目的を達成しているのか，**という観点から，授業を振り返るようにしましょう。そして，こうした振り返りをもとに，指導案をもう一度，修正してみてください。きっとこれまでよりもずっと，具体的で，目的が明確で，生徒への効果を熟慮した指導案にブラッシュアップできるはずです。

ICT機器の特性を利用できているか？

次に，第2点。「ICT機器は目的に合わせて効果的に使えているか？」英語だけで実施する英語の授業と同じように今注目されているのが，ICT機器の活用です。実際のところ，たとえば映像資料は，映像でしか伝えられないさまざまなことがらを雄弁に語ってくれる点で，とても有益です。けれども，これも第1点と同様，本当にこの仕掛けが生徒の学習に有効かどうかは，慎重に検証

3 授業分析のポイント　　129

する必要があります。特に，次章で述べるアクティブ・ラーニングと同様，**目的に適した手法になっているかどうかが問われなくてはなりません**。

　たとえば，公民の授業で昭和の戦後経済で学習する「三種の神器」に気づかせるために，冷蔵庫や洗濯機や（カラー）テレビが背景に映りこんでいる映画の一場面を生徒に見せる，という手法があります。たしかにこれは，ただ教科書の字面で「三種の神器」を学ぶよりも，印象に残るでしょう。けれども，同時にこの映画には，登場人物の会話や心の動き，他の背景など，たくさんの情報がつまっています。また，洗濯機や冷蔵庫に関する現在の高校生のもつイメージが，当時の家電製品とはまったく異なるために，気づかれずに見過ごされてしまう可能性もあります。この**資料の中から生徒が的確に，教師の望む知識を獲得するためには，教師の補助線がとても大切になります**（→第6章）。映像資料を見せる前に「『三種の神器』があるから探してみよう」といった一言で，生徒たちは，大量の情報あふれるこの資料のどこに焦点を当てるべきかを明確にできるのです。

　ICT機器の使用における注意点としてもう一つ挙げられるのは，**パワーポイントの活用**です。パワーポイントは，大きな文字が見やすく，また書くのに時間もかからず，一度作ってしまえば他のクラスの授業でも使え，自分の悪筆や自信のない書き順を生徒にさらさずにすみます。しかしこうした「教師側の事情」以外にも，もっと大きな教育効果として，読むべき資料を生徒たちと共有できる，という点があります。先にも述べましたが，資料集を開かせてその中のどの資料を見せるか，ということを40人の生徒に対しておこなうのは時間のかかることです。ところが，その**資料をパワーポイントで見せてしまえば，一度にカラーの資料が共有できます**。

　けれども，パワーポイントで注意しなくてはいけないのは，**投影しているスライド以外のスライドは，生徒たちの視界から消えてしまう**，ということです。スライドを作った側は，一枚いちまいのスライドが脳裏に鮮やかに焼き付いていて，すでに視界から消えてしまったスライドに何が書かれていたのか，忘れたりしません。他方，ただその場でスライドを見せられただけの生徒にとっては，先に見たスライドなど，よほど注視していないかぎり，見えなくなったとたん何が書いてあったのかすっかり忘れてしまうものです。

パワーポイントのこうした特徴を上手に生かし，生徒たちの記憶を高めることもできます。ですが，生徒にとってこのスライドは初めて見るものだ，という視点はついつい抜け落ちてしまいます。生徒役に，スライドは理解しやすかったか，どんな内容のスライドだったか，切り替えが速すぎて読み切れなかったスライドはなかったか，確認してみてください。

「質問」は「発問」になっているか？

第３点。「問いは発問になっているか？」のチェックです。発問とは，授業において教師が生徒に対し発する質問です。一般的な質問と違うのは，**通常の質問では尋ねる者は答えを知らないのに対し，授業での発問は，教師は何が正解なのかを知っている**，ということです。それだけ意図のある質問ですから，**この意図がしっかりと，かつ自然に生徒に伝わるように，発問は工夫されていなければなりません。**その基準は，**「生徒がしっかり考えるだけの素材が提示されているかどうか」**ということです。

ある模擬授業で，「日本にマクドナルドは何軒あるでしょう」という質問が教師役からなされました。あてられた生徒役たちは，「500店」「100店」「1万店」と口々に答えます。答えはてんでバラバラです。なぜなら，店舗営業やファストフードについての専門的な知識をもっているのでもないかぎり，店舗数を考えるのに，何をヒントにしたらよいかわからないからです。これは，形式は発問ですが，実際には，ただの**「あてずっぽクイズ」**でしかなく，**生徒の思考は動きません。**

正解は「2898店」（2017年1月現在）なのですが，この数字を見ても多くの生徒には，それが多いのか少ないのかがわかりません。したがって驚きも感動も疑問も，何も生まれません。そこで，「ロッテリアは日本に373店舗，モスバーガーは1359店舗」という情報，つまり教師からの**補助線**を加えてみましょう。そうすると，生徒たちは，自分たちの地域にあるロッテリアとマクドナルドの店舗数の違いや，ロッテリアとモスバーガーの違いなどから，マクドナルドの店舗数を推測することができます。その結果，正解を知らされた時にも，**驚きや納得，疑問など**が生まれてきます。これが，**「思考が動く」**ということです。

思考が動いたかどうかは，生徒の反応などからしか確認できません。授業や

3　授業分析のポイント　　131

リハーサルの直後に生徒役に「答えをどのようにして導いたのか」「考えにくかったかどうか」をたしかめると同時に，録画した映像に映っている生徒の反応もチェックしましょう。

「言葉のやり取り」は「対話」になっているか？

最後に，対話が成立しているかどうかのチェックです。対話とは，授業を構成する最も重要な要素です。

昨今は，次章で紹介する「アクティブ・ラーニング」の「走り」ともいえる，「対話型の授業」が求められています。**生徒と教師の対話型授業，教師が一方的に話すのではなく生徒からの発言によって構成されている授業**を，みなさんの多くもしたいと考えているでしょう。

けれども指導案を見ると，「対話」を誤解しているのでは，と懸念される授業プランをときどき見かけます。たとえば，「この答えはなに？」「○○です」「じゃあ次の人，この答えはなに？」「○○です」といった**一問一答式**の授業。たしかに生徒と教師の間でたくさんのやり取りがなされます。でもこうした問答においては，おそらく生徒と教師のあいだの「思考の交流」は生じないでしょう。これでは指導案はいつまでもレベル１のままです。

対話とは，dialogue。この dia は，「～を通って」「～を横切って」「～のあいだで」といった意味をもつ接頭語です。つまり対話は，話者同士の「あいだ」で，そのあいだを通り抜けるというかたちで，言葉を記入していく（log）ことなのです。そこには，**話している人同士のあいだを横切るなんらかの交流**があります。日本語の「対話」にしても，相手と対になって話をすること，という成り立ちの言葉です。つまりこれは，ただそこにいる人に言葉をぶちまけるのではなく，**「対をなす」という相互的な営み**を前提としています。授業においてたしかな対話が成立すれば，授業はレベル２に到達できるはずです。

ですから，授業をしたあとに，ビデオで振り返るだけでなく，生徒役にまず確認してみてください。教師からの質問に対して返答することで，何を感じたか，どんなことを考えたか。こうした思考の動き（＝アクティブさ）こそが，他者と一緒に模擬授業をすることの意義です。逆に，特に思考が動くこともないのであれば，どれほどたくさんの言葉の往復が生徒と教師とのあいだでなされ

ていても，対話式の授業とはいえないのです。

　特に，レベル3にまで授業の対話の質を高めたいと思っているならば，教師役は，次のような覚悟が必要です。何を聞かれても困ることはない，というぐらいに**入念な教材研究をすること**。そしてそのうえで，**生徒からの質問や解答を，まっさらな気持ちで受け止めること**。生徒は思いがけない発想で，自分の想定していたのとはまったく違う方法から真実に辿りつくかもしれない。ひょっとしたら，教師の教材研究よりもさらに深い真実に到達してしまうかもしれない。もしもそんなことが起きたら，素直に，真摯に，その真実を受け入れること。端的に言えば，「生徒の解釈のすばらしさと自分の不充分さを認めること」です。教師が間違いや不充分さを認めるということは，怖いことです。けれども，**真の対話は，相手の言葉に真摯に向き合うという姿勢なくしては，不可能なのです**。[11]

　ここまでの境地に至ったとき，みなさんは，レベル3の授業においてその**教材の本質を学ぶのは，生徒だけではなく教師自身もである**，ということに気づくでしょう。そして，中高時代を振り返ったとき，みなさん自身が思考を揺さぶられた，あの面白い授業をしてくれた先生たちが，**それほどの技量をもっていてなおかつ謙虚であったことの理由**を，知ることになるでしょう。

4　より良い試行錯誤に向けて

できること／できないこと

　2種類のリハーサルと模擬授業，そしてその振り返りの仕方についてここまで述べてきました。最後に3点，補足をしておきます。

　まず，もしもみなさんがうまく人前リハーサルや模擬授業に協力してくれる人を充分に得られないときにどうするか。特に開放制を利用して一般の学部に所属しつつ教員免許を取る場合，友人たちも専門の授業で忙しく，リハーサルに協力したくてもできない，ということが多々あるでしょう。そのときにも，ビデオは有効です。一人リハーサルの映像をきちんと授業開始時から終了後ま

11　そしてまたそのように謙虚な教師に対して，生徒たちは，先生が自分と向き合ってくれ認めてくれたことに喜びを感じることはあれど，「自分の方が頭がいい」などと見下したりはしません。

で撮っておき，**今度はその映像を先生にして，自分は生徒役を演じてみてください。**そうすると，生徒としてはそれだけの時間では質問に答えられないとか，資料を探せないとか，この質問では何と答えたらよいかわからないなどなどの問題に気づけるはずです。もちろん，自分で生徒役もやるということには限界はあります。けれども，やらないよりはやった方がはるかに良いです。

　二つめ。リハーサルや模擬授業は有益であると同時に，限界もある，ということに注意しておく必要があります。というのも，そこで起こっているのは，実際に中学や高校での授業の現実化ではないからです。

　学生が作る「政治・経済」の指導案には，「民主政治をどう思う？」といった発問がよくあります。第4章で紹介した2点の指導案の「イスラームのイメージは？」という問いも，同じような問題を含んでいます。「どう思う？」「どんなイメージ？」という発問は，正解がないからこそ自由に発言してよい問い，つまり「答えやすい問い」と想定されているようです。ところが，問いがあまりに漠然としているため，「授業では正解を言うように」とトレーニングされている生徒たちは，正しく答えなければと思うため，困惑の種になります。そこで筆者はよく学生たちに，「この質問で本当に答えられるか，周りの人に聞いてみてごらん」と言います。ところが，生徒役である大学生たちは，多くの場合，難なくこの問いに答えてしまいます。というのも**生徒役の大学生たちにとって，教師役の大学生は自分たちの同輩でしかなく，また模擬授業はあくまで模擬でしかないという意識を取り外すことはできないからです。**

　「どう思う？」この発問を思いついたら，ぜひ頭の中で想像してみてください。大学教授が，他の学生みんなの前で自分を立たせて，「きみ，民主政治についてどう思う？」と尋ねたところを。たくさんの同輩たちの視線にさらされて，教授の（きっと深遠な意図があるであろう）この問いに，みなさんは自由にのびのびと答えることができるでしょうか。

リハーサルによる触発

　最後に，ここまで述べてきたことをふまえて，リハーサルの最も深い目的について述べます。

　一人で，人前でリハーサルをしたり，模擬授業をすることによって，私たち

は時間感覚を獲得したり，自分の所作を具体化しチェックしたり，授業のつながりや構造を理解できるようになります。でもリハーサルをしていると，そのつど言い回しが変わったり，かかる時間が違ったりする，ということがあると思います。計画性がないからでしょうか。練習が不足しているからでしょうか。そうではなく，それは，私たちが「**自分自身の身体活動によって自分自身に影響を及ぼされる存在**」だからです。

みなさんは，一生懸命考えたり語ったり動いていたりしたらなんだかアドレナリンがたくさん出てきた，という経験をしたことがあるでしょうか。**アドレナリンが出てくると，興奮し，落ち着かなくなってきます。と同時に，新しい考えがどんどん湧いたり，人に伝えたくなったりするものです。**こうした興奮状態は，ただ刺激を受けるというだけではなく，**その刺激によって自分自身が触発される**，という人間本来の性質によってもたらされるのです。

指導案のセリフバージョンまで作成してもそのとおりには進まないのは，リハーサルをしているそのあいだ，自分の発した言葉に揺さぶられ，触発され，それまでは考えていなかった新しいことを考え出せるからです。ですから，リハーサルをすればするほど，その瞬間に思いついた何かを伝えようとして言葉はおのずと変化し，実際の授業の内容は，変化していくはずです。それではいつまでもリハーサルや模擬授業は終わらないではないか。そのとおりです。**指導案を書くとは，終わりのない修行です。**

けれども，だからこそ**授業は「生もの」であり，教師にとっても生徒にとっても面白いものになりうる**のです。先に述べたように，授業では，生徒に届く声，言葉が求められます。繰り返しになりますが，それは，単に声量の問題ではありません。生徒に届くということは，「相手に届けよう」という，話者のいわば矢印のようなものが相手に向かっていて初めて可能になります。

自分でリハーサルをしながらふと湧き出てきた考えは，皆さん自身にとっても目新しいもので，それゆえ，誰かに伝えたくなるものです。このときの言葉はだからこそ，聞いている生徒たちに強く響くものです。リハーサルのたびに起きる言い回しや具体例の違いは，聞き手にこれを伝えたい，という豊かなメッセージになっているはずです。そうして繰り返すうちに，最もしっくりくる表現が見つかることがあるでしょう。その言葉をしっかりと，自分自身の表

4　より良い試行錯誤に向けて

現としてとどめ，ノートにメモするなど，大切に蓄積していってください。その繰り返しによって，授業には深みが加わっていきます。

　指導案の作成や授業の練習，そしてその振り返りをふまえてもう一度指導案を作成すること。授業のスキル一つひとつを確認すること。そしてその指導案をもとに，もう一度練習をし，ふりかえること。こうした往復のなかで，指導案とその授業とは深められていきます。実際にその深化はどのように起こるのか。第6章で例示している指導案とセリフバージョンで確認してみましょう。これはあくまで指導案です。実際にこれが「現実化」すると，セリフの小さな言い回し，先生のフォロー，生徒の反応は，それぞれに変わってきます。

　有斐閣公式ウェブサイトにある本書のページから，「模擬授業」を参照してください。先生と生徒が，自分たちの思考を揺さぶることによって，今度は思考している「自分」の方が触発される。そんなささやかな「事件」が，模擬授業では起きるのだと，確認できると思います。

（ID は doyourbest，パスワードは practiceteaching です）

第8章 アクティブ・ラーニングの基本と実践
——生き生きした思考の活動に向けて

　前章までは，指導案や授業，その振り返りとブラッシュアップ，というように，授業全般について述べてきました。本章では最後に，授業の中でも，**アクティブ・ラーニング**という教育方法に特化して考えてみたいと思います。

　アクティブ・ラーニングはいま大きな注目を集めており，今後，小中高校でもさらに積極的に取り入れられていくはずです。教育実習においても，アクティブ・ラーニングを取り入れる動きが強まっています。

　とはいえアクティブ・ラーニングを実際におこない，その効果を授業でしっかりだすことは，ベテラン教師にも難しいことです。**「形だけのアクティブ・ラーニング」が横行し，学校現場に混乱が生じていることも否定できません。**たとえば，「元気に活動して楽しかったけれど，これで子供たちは何かを習得しているのだろうか」といった疑問が，学校現場では生じています。当然のことながら，教育実習においてもこうした問題が繰り返されてしまうリスクがあります。

　本章では，「アクティブ・ラーニング」が意味することはなんなのか（第1節），その具体的な方法はどういうものか（第2節），実習において実施するときには何に注意する必要があるのか（第3節）を考えます。特に具体的な実施方法については，実習生の授業スキルのレベルに合わせて，3段階で探っていきます（第4節）。

1　アクティブ・ラーニングとは何か

教科書を暗記させるだけの授業よりも，知識を要領よく飲み込ませるだけの

授業よりも，その一歩奥で豊かな教養を身につけられるレベル 3 の授業をしたい！　そういう授業をおこなううえで，アクティブ・ラーニングを取り入れることは，とても重要です。

　けれども，学生たちの「アクティブ・ラーニングを取り入れた指導案」を見ていると，「ん？　ちょっと待って？？」と悩むことがあります。「グループワークを取り入れることは悪いことではないんだけど，このグループワークはなんのためにやるの？　これは，グループワークをすること自体が授業の目的になってしまっていないかな？」と。

　アクティブ・ラーニングは，「課題の発見・解決に向けた主体的・協働的な学び」を実現する視点，と説明されています[12]。具体的には，課題解決に向けたグループワークやディスカッション，ロールプレイなどの教育手法があります。ですが，これらはあくまで，主体的・協同的な学び，すなわちアクティブ・ラーニングを実現するための「教育手法」であって，アクティブ・ラーニングそのものではないことに注意が必要です。逆にいえば，主体的・協同的な学びが実現するのであれば，他の手法でも良いわけです。そこで重要になるのは，アクティブ・ラーニングという言葉の本来の意味です。

　アクティブ・ラーニングのアクティブとは，「活動的な，活発な，敏活な，積極的な，意欲的な，活気のある，能動の」といった意味です。**活動的で活発で敏活で積極的で意欲的で活気のある能動的な学びのことを，アクティブ・ラーニングと呼ぶのです。**では，ここでアクティブであるのはなんでしょうか。

　アクティブ・ラーニングにおいてアクティブであるべきなのは，子供たちの身体（表情や身ぶり，作業など）でも言葉でも発言の数でもなく，「脳の思考」です。ですから，脳の思考がアクティブになりしかもその思考が生徒同士の協同的な学びとなりうるのであれば，たとえ教養豊かな教師が一方的に朗々と語り続けるような授業であっても，アクティブ・ラーニングといえます。

　逆に，グループワークやロールプレイで子供たちの身体がどれほど活発に動き，発言が飛び交っていても，思考の方がさっぱり動いていなければ，それは

12　中央教育審議会，2015，「教育課程企画特別部会における論点整理について（報告）」p.17。

アクティブ・ラーニングとは程遠いものです。実際に中央教育審議会において
も，アクティブ・ラーニングは，「形式的に対話型を取り入れた授業や特定の
指導の型を目指した技術の改善にとどまるものではなく，子供たちの質の高い
深い学びを引き出すことを意図するものであり，さらに，それを通してどのよ
うな資質・能力を育むかという観点から，学習の在り方そのものの問い直しを
目指すものである」と明言されています。

とはいっても，ただじっと受動的に話を聞いていては，思考をアクティブに
するのは困難です。特に学校の授業では，**生徒の何割かはその科目に興味がなかっ
たり苦手意識を持っている**ということを前提にしなくてはなりません。そこで，
かりに興味がない話題でも思考をアクティブにしやすい典型的な方法として，
ディスカッションやグループワークのように，まずは生徒自身の身体をアク
ティブに動かす，という手法があるのです。私たちの思考が生まれる「脳」も，
身体の一部であり，思考は，身体活動と密接な関係があります。**身体を動かす
ことが，脳をアクティブに動かすことを促進してくれる**，ということは多々ありま
す。

2　アクティブ・ラーニング視点の教育手法

では，具体的にどのような手法で身体活動をアクティブにすると，脳の思考
もアクティブになるのでしょうか。この点を考えるためには，**「どんなタイプの
思考をアクティブにしたいのか」**ということを同時に考える必要があります。つ
まり，アクティブ・ラーニングの目的はなんなのか，ということです。

アクティブ・ラーニングの目的①——授業内容に即して

授業のある時点においてどんな力を生徒に獲得させていくかは，科目ごと，
単元ごと，授業ごとに変わってきます。たとえば社会科においては，資料を正
確に読み取る能力をつけさせたいとか，その時代の人々の価値観を理解させた

13　中央教育審議会，2015，「教育課程企画特別部会における論点整理について（報告）」
p.23。

いとか，英語の授業では，語感を理解させたいとか，スピーキング能力をつけ
させたいとか，国語の授業では，登場人物の気持ちを理解させたいとか，筆者
の文学的技法に気づかせたいとかいったように，そのつど獲得させたい力があ
るはずです。観点別評価でいえば，どんな「知識・理解」「思考・判断」「技
能・表現」を育てたいか，です。この**「育てたい力」にあわせて，アクティブ・
ラーニングの手法も選択する必要があります。**

　こうした育てたい力とは，第5・6章で考えた，授業の最終目標，「知識の
もう一歩奥で発見させたい教養」にいきつくものです。ですから，アクティ
ブ・ラーニングをおこなうためには，**この授業をとおして生徒に発見させるべき教
養とはなんなのかを，事前に十分考え抜くことが重要になってきます。**また，レベ
ル3の授業指導案を作ろうと思うならば，その内容に即してアクティブ・ラー
ニングを取り入れることが重要である，ともいえます。

　第5章で例示している授業案をもとに考えてみましょう。この授業では，
「元寇（モンゴルの襲来）は，鎌倉幕府の衰退に，どのように影響したか？」を
生徒に発見させたいと考えています。そしてこの影響を考えるうえで，「戦争
の経済的側面」と「戦争の時間的側面」の二点から捉えるようにデザインして
います。

　では，「戦争の経済的側面」とはなんなのか。それは，「分捕り品を当てにし
て借金すること」です。このことを生徒が理解するためには，戦争にはお金が
かかるということ，そのお金は「武器を買うお金」であること，が理解されて
いなくてはなりません（知識・理解）。そこで，この授業では，「蒙古襲来絵巻」
という資料を読み取る，という作業が用意されているのです。

　提示された資料を読み取り，その成果を発表する。これはもう充分に，**生徒
が主体的（資料を自分の目で読み取る＝技能），かつ協働的（他の人に自分の意見を示
す＝表現）な授業**といえます。

　もう一つ，「戦争の時間的側面」を理解させるためには，戦争によって武士
が貧窮していったこと，その背景には「徳政令」という借金棒引き制度があっ
たことの理解が不可欠です（知識・理解）。しかも，借金がすべて棒引きされる
という制度は，一見すると，武士にとって有利な制度です。にもかかわらず武
士が貧窮する原因になった。その理由を探るには，お金を貸していた側の**心理**

的な動きを理解する必要があります（思考・判断）。ですから，「ロールプレイ」，つまり，実際にその立場の人になりきって，その状況だったらどんなことを感じるのかを疑似体験する，という活動が有効なのです。

アクティブ・ラーニングは，生徒の主体的な活動が協同的におこなわれていること，という定義ですから，具体的には幅広い活動が可能です。ただし，その手法それぞれによって得られることは違ってきますから，その活動でどんな力を獲得させたいかを明らかにしたうえで，その目的に適した手法を選ぶ必要があります。

アクティブ・ラーニングの目的②――生徒の能力に即して

教育手法の選択においてもう一つ重要なのは，**生徒にどのような力を「どのぐらい」つけさせたいか・つけさせることが可能か，という観点からの目的設定**です。

例えば，「蒙古襲来絵巻」に何が描かれているのかを読み取る。これは，比較的どの程度の学力の生徒にも取り組みやすい課題です。イラストに描かれているものが何かを読み取るのに，特別な技能や能力は必要ありません。他方，数字の並んだ図表やグラフを読み取るという作業はどうでしょうか。グラフの読み取りなどは，数学のこうした処理の苦手な生徒にとって，かなり難しく，設定するならば時間を充分にとるとか，生徒の能力によっては読み取る図表の数を減らすなど（あるいはそうした力をつけさせるためにあえて増やすなど）の判断が必要です。

アクティブ・ラーニングの基本的な手法として，ラウンドロビン法（ある事柄についてグループをつくり順番に意見を言い合う）や Think-Pair-Share 法（まず自分で考え，つぎにペアを組んだ人にその意見を伝える）があります。どちらも，意見を共有することをめざした方法です。では，「自分の意見を言うことがかなり苦手な生徒」が多いクラスでは，どちらの手法を取るべきでしょうか。おそらく，Think-Pair-Share 法の方が適しているでしょう。ラウンドロビン法は，自分の意見を他の人たちの前で言う能力がすでに十分ある，という生徒たちにより適した手法です。

このように，**生徒が現在どのような力をもっているのか，どのような力をまだもっていないのか，そしてまだもっていない力のうちのどの力をどのぐらいつけさせたいの**

2　アクティブ・ラーニング視点の教育手法　　141

か，によって，**選択すべき教育手法は変わってきます**。ですから，アクティブ・ラーニングにおいて重要なのは，その実施前に生徒がどのような力をもっているかの判断（診断的評価）なのです。

アクティブ・ラーニングの具体的手法

　アクティブ・ラーニングについては，近年さまざまな手法が開発されており，解説書も良書がたくさん出ているので，そちらを参照してください。ここでは上記の２つの観点から，代表的な手法と，それによって獲得される力について，**表8-1**に簡単にまとめておきます。

3　アクティブ・ラーニング実施の留意点

　主体的で協同的な学びである以上，アクティブ・ラーニングは良いことばかりのように見えます。ですが実際の実施にあたっては，気をつけなくてはならないことが多数あります。本節では，何に気をつける必要があるのかを例示しておきます。

時間的コストを考えて取捨選択を

　アクティブ・ラーニングを実施する際に必ずぶつかるのが，所要時間の問題です。それは，生徒は先生よりも資料の読み取りに時間がかかるから，というだけではありません。教室における生徒たちの活動を具体的に思い浮かべてみてください。

　　先　生　「では今から，この問題について，班になって自分の意見を順番に
　　　　　　みんなで言ってみよう（ラウンドロビン法）。はい，では机を動かし
　　　　　　て，班の形にしてください」

14　このように，今の能力に対して「これぐらいのことをすればこれぐらいの力をつけ
　　られる」という「教育可能な幅」のことを，発達心理学者ヴィゴツキーは「最近接領
　　域」と呼びます。最近接領域がどのぐらいなのかを正確に診断することは，どのよう
　　な授業であれ，とても重要になります。

表8-1　アクティブ・ラーニングの手法

教育手法	方　法	内容に即して	能力に即して
Think-Pair-Share法	自分で考える→ペアと考えを共有する（→クラス全体で共有する）	どのような内容でも可能	自己表現能力をつけさせたいときに
ラウンドロビン	ある事柄についてグループをつくり順番に意見を述べる	どのような内容でも可能	複数の人に対して自己表現能力をつけさせたいとき 人の考えを聞く能力をつけさせたいとき
ピアインストラクション法	2，3人の少人数グループをつくりお互いに教え合う	数学や図表の読み取りのように「正解」がある内容の方が扱いやすい	適度に能力に差がある生徒同士の相互の力をつけさせたいとき
ジグゾー法	クラスをいくつかのグループにわけグループごとに同じテーマに関する異なる資料を与え読み取らせる→クラスで共有する	資料の読み取りが必要なとき 多角的にものごとを理解させるとき	グループ内の能力バランスを工夫すれば多様な能力に対応できる
ロールプレイ	ペアやグループをつくり配役しその役になりきってセリフや動作を考えさせる	心情や立場の違いを理解させるとき	表現が過度に苦手な生徒には困難
フォトランゲージ	写真を見て感じたことや気づいたことをグループで共有する	映像資料の読み取り能力をつけさせたいとき 多角的な視点を身につけさせたいとき	資料を注意深く読み取る力をつけさせたいとき 自己表現能力をつけさせたいとき
ブレーンストーミング	ある事柄について自由に意見を出し合いそれを可視化することで作業の進め方を明らかにする	作業の段取りや方法を選択する力をつけさせたいとき	積極的に意見を出す力をつけさせたいとき
ディベート	ある事柄について賛成／反対の立場を表明し代表者が議論する。聴衆はどちらの意見が説得力があったかを判断する	賛成／反対にわかれやすくどちらの意見も妥当な場合	明確な態度表明の力をつけさせたいとき 他者を説得する力をつけさせたいとき

3　アクティブ・ラーニング実施の留意点

生徒ガヤガヤしながら机を動かす。なかなか動かさない生徒。欠席の生徒
の席をどうするかもめる。

生徒① 「せんせーい，この班，今日2人しかいないんですけどー」

先　生 「ああ，じゃあ，こっちのグループに分かれて入るか」

生徒② 「えー，あんたがくるの？（笑）」

生徒① 「いいじゃんいいじゃん（笑）」

先　生 「ほらほら，さっさと班の形にして。他にあまってるグループ，足
　　　　りないグループはないか？」

生徒③ 「先生，ここは3人です」

先　生 「うーん，そうか，3人か。3人なら，まあそのままでもいいか」

生徒③ 「えー，あっちのグループに入りたい〜（笑）」

　中学，高校の教室を見ていると，たかだか机を動かして班の形にする，と
いうだけで，こんなにもにぎやかな会話が繰り広げられています。このあとに，
資料を配ったり，なんの活動をするのか聞いていない生徒のためにもう一度説
明したり，といったプロセスが入り，ようやく班ごとに話し合いが始まった，
としても生徒たちはなかなかすぐには作業にはとりかかりません。他の授業の
話，共通の友だちの話を織り交ぜながら，なんとか課題をこなしていきます。

　こうしたことをしていると，アクティブ・ラーニングの活動の準備のために，
おおよそ5分間ぐらいはかかると見積もっておく必要があります。実際の作業
時間も入れれば，こうした活動だけで10分間。またアクティブ・ラーニング
は多くの場合，最後に，班ごとの意見をクラス全体で共有する流れになります
から，教室に8グループあったとして，全グループが1分発表したとしても，
さらに10分ぐらいはかかります。合計20分の活動となると，授業時間の4割
を，この活動が占めることになります。

　つまり，**アクティブ・ラーニングの実施は，時間的なコストが非常に高い**，とい
えます。このコストに見合うだけの活動内容なのかを精査しなくてはなりません。

　たとえば第6章の指導案では，「蒙古襲来絵巻」の読み取りでも徳政令の
ロールプレイでも，机を動かしてグループの形態にする，という手法をとって
いません。これは，授業全体の目的や，生徒の現在の実力から各活動・作業の

バランスを見たときに，これらの活動で生徒に身につけさせたい力が，机を動かし授業の大部分を使うほどの位置を占めているわけではない，という判断によって設定されているからです。

他方で，**たっぷり時間をかけて考えたい，本時の授業テーマそのものに関わるような重要な問題**。たとえば，国語教材の小説の主題を考えるときの意見の出し合い。たとえば，理科で「『白い粉』を同定するためにどんな順番で実験すればよいか」という実験計画を班ごとに立てるときの話し合い。こうしたときのグループワークは，授業テーマに直結する重要な位置を占める活動であるはずです。**これらには，しっかりとしたグループワークを実施するとよいでしょう。**

作業の「補助線」の重要性

大学生が作成する指導案を見ていると，授業の最後になって「自由に自分の意見を述べる」というグループワークが散見されます。これは，「自由に意見を述べるのだから，題材はなんでも成立するし，特に正解に達するような補助線（→第6章）も要らない」という安直さからきているのではないか，と思われます。まさに，グループワーク自体が目的化した指導案です。

しかし，自由に意見を述べるという活動によって，はたして生徒たちは何を学んでいるのでしょうか。それは，その授業において本当に生徒に最もつけさせるべき力なのでしょうか。活動的な作業を設定するときにはいつも，こうした点で見直しがされなくてはなりません。

たしかにグループワークでは，「自由に意見を述べること」を保障する必要があります。というのも，こうした活動にはつねに，生徒の自己表現能力を育てる，という目的があるからです。「間違うことは恥ずかしいことだ」という教室独特のムードを払拭することも，重要な課題なのです。

しかし，だからといって**教育活動は，なんでも自由に自分の意見を述べればよい，というものではありません。**たとえば自分の意見を自由に述べるとしても，その**意見の根拠を示すこと**。気持ちを伝えるときに，**ふさわしい表現を選ぶこと**。「自己表現能力」を育てるときには，相手に伝えるためのこうした力をしっかりと育てる必要があります。ましてや，グラフの読み取りなどのように，「正解」に辿り着くことを最終目標とする活動では，ただ自由に自分の意見を述べるだ

3　アクティブ・ラーニング実施の留意点　　　145

けでは充分な活動とはいえません。

つまり，こうした「育むべき力」がきちんと生徒たちに育つようにと，なんらかの教育的働きかけが必要になります。その働きかけの第一が，何について，何を題材に，何をするのか，という活動内容の提示です。この素材や方法が教育の目的とずれていると，適切な活動になりません。ましてや，「グループワークすることが目的」では，その活動は意味をなさないのです。

けれど，こうした活動内容の提示だけでは，生徒はなかなか，育むべき力を十分につけられないでしょう。あるいは，容易にはつかない大切な力だからこそ，単なる座学ではなく，生徒が主体的に身体もアクティブにしながら，それだけの時間をかけて，グループ活動をおこなうわけです。そこで，**その力をつけさせるためにさらに必要になる，教師からの補助的な働きかけが必要になってきます。**

こうした補助的な働きかけは，たとえば教師から生徒に「こういう観点で考えてみよう」という示唆であったり，たとえばプリントに書かれた「○○についての意見を図で表してみよう」といった示唆であったりします。グループごとの活動を机間指導しながら，「こういう発想はどうかな」などの助言も，補助的な活動に含まれます。

アクティブ・ラーニングを取り入れたなら，必ずこうした題材と補助線の確認をおこなってください。特に，設定した目的に到達するために教師の補助線が適切かどうかは，補助線を何パターンも検討したうえで，判断する必要があります。

作業の評価の難しさ

アクティブ・ラーニングの手法は，**作業の成果をどのように評価するのか，**という難しさもはらんでいます。たとえば自由に意見を述べてよい，といった場合，その活動の何を評価するのでしょうか。どれだけ自由に表現したか，でしょうか。その度合いはどうやって測るのでしょうか。他方，図表を読み取るなどの「正解」がある場合，正解に到達したかどうかが，評価の対象になっていなければおかしなことになります。**「なんでも自由に言い合うのがグループワーク／アクティブ・ラーニング」という雰囲気をつくってしまうと，生徒たちが何を獲得したのかを見誤ってしまいます。**

146　　第8章　アクティブ・ラーニングの基本と実践

なによりも**評価は，その活動を実施する目的に照らされていなければなりません。**ですから，その授業の診断的評価はどのようなものか，その評価が設定された目的はなんなのか，という点にいつもたちかえってください。そして，その目的を果たせたかどうかを明らかにするためには何を測定するのか，ということを明確にしてください。そのうえで，そのために必要な活動内容を設定しなくてはなりません。

　大学生が授業の最後に「自由な意見を述べる」グループワークを設定したがるのは，この評価に関しても，「関心・意欲・態度」のみを評価すればよい，という安直さがあるのではないか，ということも懸念されます。先に述べたように，**自由な意見を述べることは，単に関心や意欲や態度の問題だけではありません。**正しい評価方法とセットになってはじめて，教育活動はその目的を果たせます。

教育実習生としての留意点

　最後に，アクティブ・ラーニングを実施するにあたっての教育実習特有の留意点を示しておきます。それは，**教育実習では，その学校の先生方によってすでにある種の学習スタイルに慣れ親しんだ集団に後から入っていって，授業をする，という難しさ**です。そのクラスの担当教師の学習スタイルにすでに慣れた状態とは，逆に言えば，それ以外の授業スタイルを受け入れるのはやや難しくなった状態です。ですから，そこで教育実習生が，担当教師とはまったく異なる授業スタイルを展開すると，うまく理解できないだけでなく，場合によっては，拒否的な感情を示されることもあります。

　これは，**学習というプロセスが，単に脳みそに知識を付け加えていくという作業ではなく，脳も含めた人間の身体の全体的な活動である**，ということに由来しています。みなさんは，たとえば「カブトムシの幼虫」には高い栄養価があり，一部の国では食用にしている，と聞いて，「まあおいしそう，ぜひ私も食べたいわ」と思うでしょうか。まれにそういう人もいるかもしれませんが，多くの人は，「いや，いくらそう言われても，どんなに体に良いと言われてもなかなか食べられない」と思うでしょう。学習活動も，ある事柄を自分の内側に取り込んで消化しなくてはならない，という点では同じです。**どれほど良いものであっても，体の方がそれに慣れ親しんでいなければ，おいしいとも楽しいとも感じられないものな**

3　アクティブ・ラーニング実施の留意点　　147

のです。

　ですから，教育実習に行ってアクティブ・ラーニングをするためには，**その学級ですでに慣れ親しまれている学習スタイルはどんなものか，という点を注意深く見極める必要があります**。たとえば，普段の授業が教師から一方的に講義するスタイルであるならば，突然みんなの前で発言することを求めたり，ジグゾー法のようにかなり個性的なスタイルの授業をすることは，そのクラスの生徒たちにとってハードルが高いでしょう。まずは隣の席の人と意見を共有する，といったところから始めることが望ましいかもしれません。また，指示する補助線も，かなりわかりやすいものが望ましいでしょう。

4　アクティブ・ラーニングの3レベル

　以上で見てきたように，アクティブ・ラーニングは，「良いことばかり」のように見えて，**実は準備も，実施も，終わった後のフォローも，とても難しいものです**。でも，当然のことです。**生徒たち40人の思考が生き生きと動き出すということは，それだけの奥深い出来事なのです**。

　では実習生はどのように取り組めばよいのか。先にアクティブ・ラーニングは，とくにレベル3の授業をするうえでは不可欠と述べました。しかし実は，レベル1，レベル2の授業でも，充分に生かせるものです。ここでは，指導案の3つのレベル（→第5章）に応じた方法を提案します。

　レベル1。教科書の知識をなぞって並べた授業の場合。これまで書いた内容と矛盾するかも知れませんが，**まずはそのなかに何か1つ，アクティブ・ラーニングを取り入れてみてください**。最初のうちは，「隣と相談してみよう」という，時間も準備もあまりとらないものでよいです。ここで，いきなり「ジグゾー法」といった，教師の授業力も学級経営力もとても問われるような方法を選ぶことはやめた方が無難です。**教師の話をただ聞いているだけよりは，隣の人と意見を共有する時間がある方が，生徒にとって興味深い授業になります**。ですからまずはこうしたワークを取り入れるだけで，価値があります。

　レベル2。指導案が，知識を飲み込みやすく整理したものになってきたならば，その中で，「ただ覚えるだけではなく，**周りと共有しておくと理解しやすいこ**

とはなんなのか」を探してみてください。そして，その内容を中心に，5～10分程度の少し長めのグループワークを企画してみましょう。さらに，その指導案に即して，授業のリハーサルをしてみてください。教師役の自分は何を感じるでしょうか，何に気づくでしょうか。生徒役の友人たちは何を考え，どんな思考が生まれるでしょうか。また，どんな資料が足りないでしょうか。どんな補助線が必要だったでしょうか。

　レベル3。「知識のもう一歩奥で発見をさせる学習指導案」という水準まで達すれば，アクティブ・ラーニングは必要不可欠になります。特に，**授業のテーマを追究するうえで最も重要な発問に注目し，この発問を中心に，なんらかの適したアクティブ・ラーニング的な手法を取り入れると良いでしょう。**

　こうした段階を経て，少しずつ，アクティブ・ラーニングを取り入れていきましょう。アクティブ・ラーニングの素晴らしいところは，**その活動デザインがどれほどお粗末であったとしても，少なくとも同じ程度お粗末なレベルの一方的講義形式の授業よりは，生徒たちにとって楽しく，記憶に残り，興味が湧く，**ということです。習うより慣れろの精神で，取り入れてみることをおススメします。

4　アクティブ・ラーニングの3レベル

第9章　学校・生徒の実態と実習の課題
——教師として成長するために

　教師になるためには，それまでの児童・生徒の立場，考え方とは別に，教師として働く大人の立場，考え方を身につける必要があります。教育実習はその最初の機会になるでしょう。第9章では，教育実習を経験した学生が抱く典型的な疑問を紹介し，それが教育の現場ではどのように考えられ，納得されているのかを考えていきます。すでに第Ⅰ部で，実習に臨む基本的な姿勢について学習をしてきました。本章では，教育実習を無事乗り切るためだけではなく，教師としての長いキャリアを築いていくということを考えながら学習を深めましょう。そのために，教育哲学や教育方法学，学校組織論，若者文化論など，教育学や社会学の理論を参照しながら，より幅広い視点で実習の課題や教師／学校の現実について，発展的に考察していきます。

1 多層的で予測不可能な仕事に対応する
——柔軟さ・臨機応変さが試される

予想外に対応する

┌ ケース1 ┐

　私の実習先での待遇は本当に酷かったとこぼすOさん。Oさんが事前に学校に実習打ち合わせに行ったときに担当すると言われた範囲と，実際に実習が始まったときに担当した範囲がまったく異なっていたからです。どうやら，予定した範囲まで授業が進まなかったようでした。しかも，実習期間中に指導教員が予告なく休みをとって不在だった日がありました。まったく聞いていなかったOさんは，一人でSHRを行いました。こういうことが積み重なって，毎日の準備が本当に大変

1　多層的で予測不可能な仕事に対応する　　151

> だった，全然眠れなかったというのです。

　OECD が行った国際教員指導環境調査 The OECD Teaching and Learning International Survey（TALIS）の 2013 年調査によって，日本の中学校教師は 34 の参加国・地域のなかでもっとも長く働いていることが判明しました。教師の長時間労働や，授業以外にしなければならない雑務がたくさんある多忙な状況は，長年，教師の働き方にとって課題とされています。

　しかし，教師の多忙な状況は，人手不足や行事の多さといった事柄だけが原因なのではありません。教育社会学者の油布佐和子は，教師の仕事について次のように説明しています。教師は教科指導や生徒指導，雑務等といった種類やレベルの異なる活動を複数担っていて，状況に応じて瞬時にそれらの優先順位を決定しながら日常の教育活動を行っています。同時に，生徒集団と個の双方に気を配り，臨機応変に指導を行うことが求められています。

　こうした活動の仕方によって，教師の仕事は基本的にせわしない＝多忙なものとなりますが，そういったせわしなさのなかで，さらに生徒が予想外の行動をしたり，教師が一人病気になったりするという出来事が起こります。日常の教育活動において，予想外の出来事は必ずといっていいほど起こるものです。結果として，どうしても教師の仕事は多忙にならざるをえないのです（油布 1995）。第 2 章第 1 節の B 先生の日常を思い出してください。

　どんなに準備したつもりでいても，突発的な出来事が起こって忙しさが増すことは，もはや教師という仕事の宿命なのです。みなさんが実際に経験する教育実習においても，なにかしら予測できない事態が発生するでしょう。指導される先生が，実習が始まる日までにここまで進もうと考えていても，理解に時間がかかったり，発展学習で盛り上がって時間を使ったりすることがあります。みなさんが，本書を読んで充分に準備をしたつもりでいても，教育実習に行ったら最後，予想外の出来事に対応する臨機応変さや思考の柔軟性が試されるときが必ずくるのです。

　O さんの経験をこの視点からとらえ直してみましょう。O さんが経験したことは，多少度が過ぎているとはいえ，教師の日常として，当たり前に生じる出来事でした。待遇が悪かったのではなく，むしろ「お客さん」扱いをしな

152　　　第 9 章　学校・生徒の実態と実習の課題

いで対等に扱われたと考えるなら，いい経験をしたのです。本当に教師という仕事に就いて，こんな生活をずっと続けていきたいか，考え直すチャンスにもなったでしょう。

成長のチャンスと向き合う

―ケース2―
　私（Pさん）の指導教員は学年主任でとても忙しい人でした。授業をしてみて，導入がうまくいかなくて悩んでいたのですが，それにもかかわらず指導教員は指導案を丁寧に見てくれず，どうしたらいいのかを教えてくれることもありませんでした。悩みを書いた実習日誌にもとくにコメントがなく，ハンコが押してあるだけだったのです。同じ学校の別の教育実習生の指導教員は，実習日誌に細かくコメントをつけ，指導案の書き直しを何度もさせていました。指導の程度がまったく違って不公平だし，おかげで何もかも自分で考えなければならず，とても負担が大きかったです。私も細かく教えてくれるあの先生がよかったと思っています。

　教育実習は実践を通して，大きく成長する機会なのに，充分に時間をかけてくれない指導教員にあたって残念でした。先述したように，教師は通常の仕事だけでとても忙しく過ごしています。実習生というイレギュラーな仕事が増えて，指導に時間を割く余裕がなかったのかもしれません。いったん受け入れを認めたのだから，もう少し丁寧に接してくれるように期待するのは当然です。とはいえ，指導教員なのだからいつでも相談にのり，実習生が悩んでいたら「答え」を教えるべきだという思いこみがあるのだとしたら，それは考え直す必要があります。

　教育方法学者の吉永紀子は，教師は職業生活のなかの環境や組織のなかでの役割に応じて学習し，自らを「変化」させ，発達していくことが求められていると述べています（吉永 2017）。**大学の教職課程で主に行われているのは，個々の技量になんらかの不足や欠陥があるとし，それらを補うように手当して「変化」させる発達の過程です。この〈診断−治療モデル〉あるいは〈故障−修理モデル〉に慣れている学生は，実習でも誰かが不足や欠陥を手当てしてくれると受け身になりがちです。**

　しかし，教師が職業生活のなかでより多く経験するのは，周囲の状況変化に対応する「適応としての変化」や，新しい業務を経験するなど「組織の構造変化に伴う変化」など，教師自身が「変わる必要感」があっての変化なのです

1　多層的で予測不可能な仕事に対応する

（吉永前掲，p.247）。また，近年は，「どの時代にも共通で，普遍的，一般的な教師の力量があり，それの獲得に向けて蓄積的に力量を形成する」という教師の発達観ではなく，**「変化する状況に対応しながら個々人が直面した課題を解決したり，困難を克服したりするために新しい力量を獲得していく」といったような発達観が提唱されています**（吉永前掲，p.260）。

　これらのことをふまえると，実習生のPさんが感じた，課題に対する一般的な「答え」が存在し，実習生の技量不足に気づいた指導教員がそれを教えてくれるというような考え方に問題があることがわかるでしょう。教師は職業生活のなかで個々が直面した課題に真摯に向き合い，それらを克服するための努力を通して，自ら「変化」することが期待されています。教育実習で，あらかじめ準備したとおりに，完璧に実習ができればそれにこしたことはありませんが，多層的で予測不可能な出来事が常に発生する学校のなかで，予想どおりに物事が進むことはほぼありません。

　指導教員が丁寧に見てくれない状況で，自分はどう変わらなければいけないのか，どう適応することが求められているのかを考えてみましょう。その不満と努力こそ，「変化」の第一歩なのです。言い方を変えれば，細かくコメントをつけて，何度も指導案の修正をさせていた先生の指導について，もしかしたら指導を受けていた実習生は，自由にやらせてくれることが少なくて，窮屈に感じていたかもしれません。きめ細かい指導のおかげで，「変化」のきっかけを奪われていたとも考えることができます。

★ワーク　上記の視点をもとに，Qさんの経験をとらえ直してみましょう。

　Qです。地元の高校で世界史をやりました。大学で模擬授業をやっていたときは，PCを使って動画やパワポを活用し，結構いい授業ができていたと思います。でも，実際に地元の高校に行ってみたら，いまどきプロジェクターもスクリーンもなくて，しかも自分のPCを持ち込んだらダメって言われました。ありえなくないですか。準備を全部一からやり直したし，学校では作業できないし，本当に大変でした。

2 伝わらない悲しみに向き合う
──そこに工夫の喜びがある

教育者の意図のとおりに学んでくれるとは限らない

> **ケース3**
>
> 　Rさんは中学の歴史的分野で大航海時代を担当することになりました。生徒たちは初めて聞く話だと思ったので，学習の導入としてマンガ『ONE PIECE』（尾田栄一郎，集英社）の登場人物マゼランに少しだけ触れました。生徒たちの反応はとてもよく，スムーズに大航海時代の学習につなげることができたと自己評価していました。しかし，後日提出された調べ学習レポートを見てみると，「『ONE PIECE』におけるマゼランの強さの秘密をさぐる」など，大航海時代という学習内容とは距離があるものばかりでした。歴史上の人物としてのマゼランのこと，大航海時代のことは，あまり伝わらなかったのかもしれないと落ち込みました。

　教育社会学者の広田照幸は，教育を「誰かが意図的に，他者の学習を組織化しようとすることである」と定義しています（広田 2009, p.9）。教育という社会的行為は，教育する者とは別の人格や背景をもった他人に対して介入する，本質的におせっかいな行為だというのです。このように考えると，**教育される他者は教育者の意図のとおりに学んでくれるとは限らない，**というリスクが生じることになります。広田はそのリスクのパターンを3つ，紹介しています。

　第1のリスクは，教育を受ける側が，教育に対して，常にやりすごしたり離脱したりする自由をもっているということです。教師が一生懸命話しているのに，生徒は窓の外をぼーっとみていたり，あと何分でお昼休みになるのかを時計をみて数えていたりすることは，みなさんも経験があるでしょう。

　第2のリスクは，教育を受ける側が，教育する側が意図したものとはまったく異なるものを学んでしまうということです。**ケース3**はこれに該当します。たとえば，これからの働き方を考える授業で，より具体的な話をして理解を深めてもらおうと自分の経験を話していたら，生徒からの感想文に「先生の話がほとんど自慢で意味がわからなかった」と書かれてショックを受けるということはよくあります。逆に，自分ではまったく覚えていないけれど，卒業式のときに生徒が寄ってきて「あのとき，先生が声をかけてくれたから頑張れた」と

感謝を伝えてくれることもあります。このように，教育をする側の意図とは別に，生徒が"勝手に"学んでしまうことがあります。

　第3のリスクは，教育の働きかけは相手によって，まったく異なる結果が生じるということです。百マス計算は短い時間で集中して問題を解くので，授業の初めにクラスの雰囲気を締めるときに使うと効果的です。また，問題を解く速さを競う要素があるので，次は頑張ろうという向上心を持たせることもできます。前回は全部終えることができなかったけど，今日はできたという達成感を味わった児童が，計算練習に熱心に取り組むようになったという効果がみられるときもあります。しかし，正確に速く解くことができる児童が優越感をあらわにし，時間のかかる児童をからかったために，クラスの雰囲気が悪くなってしまうこともあるのです。教育は，ある方法が絶対的に正しい，絶対的に悪いということはありません。ある人には効果的だった方法が，別の人には効果がない場合もあるし，ある教師の優れた実践が，他の教師でも同じ効果を持つとは限りません。

　このように，教育は他者に対する行為であるために，その行為の結末は予見できない「賭け」だということができます。**教育はその「結果」ではなく，「目的（意図）」によって教育であるとみなされるのです。**どんなに優秀な教師でも失敗しますが，だからといって試行をやめることはしません。さまざまな知識や技術，テクノロジーについて学習し，それらを用いて成功率を高めるためにトライをし続けているのです。

「俺の話を聞け」という怠惰

ケース4

　Sさんは公立中等教育学校の出身です。母校との調整がうまくいかなかったため，別の公立高校で実習をすることになり，1年生の倫理の授業の担当が決まりました。Sさん自身が倫理の授業を受けたとき，最初は難しさを感じたものの，哲学者の主張の違いだけでなく，哲学の考え方そのものに面白さを感じたことを覚えていました。実習先の高校生にも，あのころ自分が感じた知的興奮を味わってほしいと思ったSさんは，実習に先立ち，図書館で哲学や倫理学の専門書をたくさん読み，学習を深めるための追加資料をたくさん用意しました。しかし，実際に黒板の前に立ち，たくさんの資料を配布すると，生徒の眼から光がなくなり，授業の後半には3

分の２の生徒が机に突っ伏して寝てしまうありさまでした。Ｓさんは，これが高校
レベルの違いか，哲学や倫理の面白さを理解するには彼らの学力が足りないんだな，
という感想を持ちました。

①無邪気な俺様思考

「俺の話を聞け」とひたすら主張するのは，実習にいく学生がやりがちな失
敗です。先述した広田（前掲）は，「**すべての子供は学びたがっている。しかも，私
が教えたいと思っていることを，すべての子供は学びたがっているはずだ。**」という無
邪気な想定は**失敗の原因**だと指摘しています。教師が教えたいと思っているもの
は，たいていの場合，子供が知らないもの，したがってその価値や意義を理解
していないものです。大学生は，これまでの学習経験のおかげで，当面の意義
が理解できなかったとしても，学習を継続することで少しずつ得るものがある
と知っています。

しかし，学習に苦手意識があったり，これまでにそういう意味での成功体験
をしてこなかったりする子供はどうでしょう。なんのためだかわからない，独
りよがりの高尚な話を，なぜ我慢して聞かなければならないのでしょうか？そ
れよりも，この時間を睡眠時間にして体力と気力を温存したいと考えたら，ど
うしていけないのでしょうか？

どんなに優れた指導案をつくり，IT機器を駆使して壮大な授業を展開した
としても，授業を受ける側の「学びたい」という要求とうまくつなげることが
できなければ価値がありません（だからこそ，第２章や第４章で，「何事も自分中
心に考えてはいけない」「他者中心の視点で学習指導案を作成する必要がある」と強調
しているのです）。**子供にとって疎遠であるものを「学びたい」「学ばなくてはならな
い」と思わせるための工夫が必要なのです。**もう少し教育学的に表現するなら，
子供自身の内発的動機づけでの学習をいかに生起させるかという方法について，
教師は勉強していなければならないのです。

②上から目線──インストラクショニズム（指導主義）

教育心理学者の秋田喜代美は著書のなかで，「知識は正解に関する事実と問
題を解決する手順から構成されていて，学校教育の目的はこれらの事実と手順

を生徒たちの頭に入れることである。教師はこれらの事実と手順を知っており，それを生徒に伝えることが仕事である。学校教育の成功とは，生徒たちが多くの事実と手順を身につけていることであり，それはテストによって測定される。」というような考え方を，インストラクショニズム（指導主義）だと述べています（秋田 2012）。

この「教師こそがより多くの正解を知っていて，まだ知らない生徒たちに教えてあげるのだ（だから俺の話を聞け）」という考え方こそ，授業が上から目線で，単調になりがちな原因であると筆者は考えています。

秋田（前掲）によれば，今日，学校現場に導入されている協働学習やアクティブ・ラーニングは，インストラクショニズムの考え方とは異なった立場をとっています。第一に，単に事実と手順を身につけるのではなく，より深い概念的な理解を大事にします。事実と手順の知識は，それがそのまま使える状況では役立ちますが，新しい状況ではそれを修正して活用できなければなりません。状況に応じて利用できる有用な形で学ぶ必要があります。第二に，「いかに知識をうまく子供に伝授するか」という指導法ではなく，「子供がどのようにそれを学習しているのか」という学習プロセスに注目します。うまく教えれば深い概念的な理解ができるというのではなく，子供自身が自らの学習に積極的に参加することで深く学ぶと考えます。したがって第三に，教師は直接指導を行うだけではなく，子供の学習環境をデザインし，そこで生徒が学習するために，実にさまざまな役割を担います。その意味で，教師と生徒は学習において共同で責任を負っていると考えるのです。本書の第7章でアクティブ・ラーニングの基礎を学びましたが，アクティブ・ラーニングには実はこのような深い意味・意義があるのです。

教育実習生のみなさんには，教師としてのそこまでの働きは期待されていません。しかし，授業をする前に，クラスの生徒たちがどういう子供であるのか，今，どんな状態なのか，よく観察することはとても大切なことです。教師がよく口にしている「子供たちが生き生きとしている」「目が輝いている」「身を乗り出している」「しっとりとして落ち着いている」「じっくり取り組んでいる」という表現は，秋田が言うには，授業過程での，瞬間瞬間における生徒の学習過程の質を，非言語的側面から的確にとらえた感性の言葉です。このような時

間を生きることを，どれだけ多くの生徒に，より長く授業で提供できるのか，そのためにどんな工夫が必要か，考えてください。

　みなさんが向き合う生徒たちの多くは，みなさんの話に価値があるとは思っていません。みなさんが大学生だから，みなさんがふだん見慣れない人だから，興味津々で見守っているだけです。その興味津々な状態と，秋田のいう「目が輝いている」状態は同じではありません。「俺のすばらしい話を聞かないなんて，学校のレベルが低すぎる！」という憤りは傲慢で怠惰な勘違いです。準備した知識を洗いざらい披露したとしても，子供がそれをどのように受け取っているのか，その子供の「学びたい」要求とみなさんの話がどのようにつながっていくのか，そのプロセスに配慮できなければ，その授業には価値がないのです。

3　学校という場を多角的にとらえる
──青少年の居場所という意味

居場所をつくる

> **ケース5**
>
> 　Tさんが担当した高校では，クラスに教師や生徒たちから少しだけ特別扱いされている生徒がいました。気に入らないことがあると大声で怒鳴ったり，ふらっと教室から出て行ってしまったりすることがあるのです。担任からよく話を聞くと，保護者は経済的に困窮しており，生徒の状況に手がまわらないらしいことがわかりました。Tさんが，どう対応したらいいのか分からなくて困っていたら，担任から対応は私がするからTさんはいいよ，と言われました。その後は問題行動の対応を担任にまかせ，指導案どおりの授業を淡々と進めましたが，達成感がちょっと減った気がしています。正直，担当するクラスにああいう生徒がいるのは迷惑だなと思いました。

　「しんどい子」が多く集まる大阪の学校での実践を「つながり」というキーワードで読み解いた本があります（志水 2014）。近年，子供の学力と家庭の経済力との関係を扱ったマスメディアの情報が増え，「うちは（あの子は）貧乏だから勉強できない」というあきらめを，教師も子供も持ってしまっているようです。しかし志水は，学力という問題は，経済的に豊かになれば学力が向上す

るという単純な話ではないと主張します。家庭・家族と子供との「つながり」，地域・近隣社会との子供の「つながり」，学校・教師と子供との「つながり」こそが，子供の学力に影響を与えているというのです。

　具体的には，学校・教師が保護者に働きかけ，かかわりをもつことを通して，保護者と教師との信頼関係を築き，保護者と子供の関係を望ましいものに変えていくこと，あるいは，学習でつまずいている子供や学習意欲を失いかけている子供に，教師が丹念にかかわったり，子供同士で声をかけあったりして事態を改善していくことなどが挙げられています。これらの「つながり」によって，子供を見捨てずに向き合っていくことが，子供を荒れさせず（本当にしんどくなる前に手をかける），エンパワーしていく力になると指摘しているのです。

　授業方法や生徒指導にも，こういった目線が必要です。首都県の教育困難校の実践を観察した吉田美穂は，テレビドラマの「ごくせん」（日本テレビ，第1シリーズ2002年，第2シリーズ2005年，第3シリーズ2008年）や「ドラゴン桜」（TBS，2005年）にでてくるような高校生を相手に，教師がさまざまな戦略（ストラテジー）を駆使していることを指摘しました（吉田2007）。

　たとえば，授業中に廊下にいる生徒を発見した場合，「早く教室に入りなさい」といきなり指示を出すような問いかけではなく，「どうしたの？あなたの事情は何なの？」と聞くところから入るなど，教師と生徒の権力関係をむき出しにせずに人間関係をつくっていく方法がとられていたのです。その学校では，教師は，その場にふさわしくない発言や問いかけがあったとしても，受容して答えを返していました。そうやって，生徒の世話をするような関係をつくるなかで教師と生徒とがあからさまに対立することを避け，とにかく生徒が学校に来て授業に参加して，無事卒業することが目指されていたのです。

　みなさんが実習にいく学校は，さほど「しんどい」わけでも，「教育困難」なわけでもないでしょう。それでも，相対的にしんどい状況にあったり，なんらかの困難を抱えていたりする生徒はきっといます。大学生相手に模擬授業をしたり，塾に来るほど意欲のある子供に教えたりしているだけでは，そういった生徒への対応は想像がつかないでしょう。先述した秋田によれば，よい授業をつくっていくためには，安心して学習に参加できること，互いの言葉を聞き合うこと，人との違いや多様性が保障されていることなどが必要です。口で言

うのは簡単ですが，実際にクラスや授業内に，どうやったらそういう雰囲気を醸成することができるのか，教師は毎日試行錯誤しています。第3章で出てきた「生徒指導・学校経営」という評価項目の意味を深く理解するには，居場所としての学校という視点が重要です。

学校という場の役割を考える

┌─ ケース6 ─

　Uさんは高校1年生の数学を担当しています。塾講師の経験があるので，生徒を目の前にしてもあまり緊張しません。今日の授業では，練習問題の答えを黒板に書かせて，その答え合わせをするところから始めました。このクラスは熱心に学習に取り組む生徒が多いので，ほとんどの問題は正解で，テンポよく進めることができました。「いいじゃん，いいじゃん，できるじゃん，おまえら！」と褒めると，生徒たちはみな嬉しそうです。間違った答えもケアレスミスだったので，「ここは間違いやすいんだよ，よくやるんだよな，わかるよ，次，気をつけろよ，いーな？」というように共感を示しながら，ミスに注意するよう呼びかけました。いつもこんな感じで気さくに生徒に話しかけるので，生徒もUさんのことを「Uっち」とあだ名で呼ぶようになっています。Uさんは生徒といい関係がつくれてきたと自負しています。

①学校という組織

　マンガ『GTO』（藤沢とおる，講談社）に出てくる鬼塚英吉のような，組織としての経営方針も秩序も倫理も尊重せず，自らのやりたいようにふるまう教師が許されるのは，それがマンガだからです。そこまで極端ではなかったとしても，生徒を「お前」と呼んだり授業中に「やべぇ」を連発したりするような，教師にあるまじき荒れた言葉遣いを「若々しさの象徴」「親しさの表れ」と勝手に解釈する実習生は毎年います。残念ながら，よい評価は得られません。

　教育実習生は学生といえども，実習期間中は学校という校長をリーダーとする組織の一員になります。そこでは，学校の経営方針を無視して教育活動を行うことはできません。また，公立学校の場合，公務員としての立場で働いている人たちのなかで活動するので，そのことを充分に尊重しなければなりません。公務員の服務義務には「法令・条例等及び上司の命令に従う義務」「信用失墜行為の禁止」があります。実習にいったみなさんにもこれらが課せられています。公立学校で

3　学校という場を多角的にとらえる　　161

なくても，組織の方針を尊重し，日々接する人にていねいな言葉遣いをすることは，教師に限らず，働く大人として当たり前のことです。学校現場で実習生が公害だとまで言われてしまう現状をよく考えてみましょう（第1章第3節「教育実習公害論」）。

　もし，乱暴な言い方をしないと親しみの気持ちが表現できないと思い込んでいるのだとしたら，コミュニケーションスキルの初歩から考え直す必要があります。第2章第2節でも説明したように，先生らしくふるまうことはとても大切なことです。けれど，授業準備や生徒対応に夢中になるなかで忘れられがちなことでもあるのです。

②学校という場の役割

　上のことを，少し社会学的に考えてみましょう。教育社会学者の大多和直樹は次のように指摘しています（大多和 2014）。日本社会は，高度に学校社会化が進んだ社会です。学校社会化とは，子供を育てるのに学校に行かせるのが当たり前だという認識が広まっている社会のことをいいます。その学校は，外界の一般社会とは異なった規律で満たされた遮蔽空間であるという特徴を持っています。学校は生徒を隔離することによって，学校外に存在する「若者」としての知識や行動様式を遮断し，学校内では「生徒」という行動様式を徹底しつつ，かれらを社会化しようとしているのです。

　しかし，同時に，日本は高度に消費社会化が進んだ社会でもあります。とくに若者を主体とする文化はサブカルチャーとして自律化しています。自律化（autonomous）とは，外部からの制約を受けずに，独自のルールや規範に従って物事が進んでいくようになることを言います。たとえば，マンガ文化はすべての子供が受けとらざるをえない教科書と同じぐらいの浸透水準に達しています。社会や大人，学校の思惑によらず，子供の語彙や遊び方，ふるまいから価値観にいたるまで，大きな影響を与えています。つまり，学校知識とは別種であると当時に生活知識とも異なるような「教養源」が，子供たちの社会化過程に組み込まれているのです。学校はその影響を受け，これまでの遮蔽性・規範性を保ちづらくなってきています。

　このように学校を捉えると，**教師はどこまで学校の遮蔽性を保ち，どの程度まで**

「教養源」を学校のなかに持ち込んでよいとするのか，その線引きの緊張下にある存在といえます。授業にどの程度，「教養源」を反映させた授業実践を行うか（ケース3はその好例でもあります），「教養源」をふまえたときに学校内での若者文化をどの程度許容するか（スカート丈，髪型や髪の色をめぐる歴史的な緊張関係を考えてみてください），日々，悩み，葛藤しながら生徒と向き合っています。一方で，教育実習生はまさに学校の外の文化の当事者です。学校がこのような目的を持った遮蔽空間であることにみじんも配慮せず，教師が置かれている緊張をいとも簡単に越境してクラスで好き放題にふるまうことが，いかに無神経かが少しは理解できるでしょうか。

★ワーク　上記の視点をもとに，Vさんの経験をとらえ直してみましょう。
　社会学を専攻しているVです。私は中学校の公民分野の授業を担当することになりました。せっかくの機会なので，研究授業ではゼミで学んでいる知識をいかして，「十代の妊娠」というテーマで生徒たちに議論させたいと思いました。ところが，時間をかけて準備をして指導案を作ったのに，指導する教師からテーマが適切ではないのでやり直すよう指示されました。大学での専攻をいかして独創的な授業を提案したのに，なんでこんなに教師って頭が固いのでしょうか。

4　被害者にも加害者にもならないために
──よりよい教師キャリアの構築にむけて

┌─ケース7───────────────────────────
│　Wさん（女性）は指導教員（男性）とウマが合わず，十分な指導を受けることができなかったと不満を抱いています。きっかけは，実習が始まって5日目の朝，指導をするので，放課後，教科研究室に来るように言われたことです。その日，翌週からの授業に向けて授業案を提出したので，その指導だろうと思って放課後訪ねると，他の実習生はおらず，自分1人だけが呼び出されていました。指導教員は，大学では何を学んでるの？どんなサークルなの？など，実習とは関係のない雑談を1時間以上続けました。そして，これから夕ご飯を食べながら指導案について話をしようと居酒屋に誘ってきたので，なんとなく不快に感じて断って帰りました。翌日以降，指導教員は，実習日誌に素直じゃない，教師には向いていないなどとコメントをつけるようになり，それ以外での指導はほとんどないまま，実習が終了しました。
└─────────────────────────────────

①ハラスメントの対応

　Wさんが経験したのは，スクールセクハラと表現されることが多いセクシュアル・ハラスメントの一種です。Wさんは「ウマが合わない」程度の認識で，少々不快に感じただけでしたが，セクハラは人によっては実習を中止したり，実習を終えた後にPTSDを発症したりすることがある深刻な問題です。NPO法人「スクール・セクシュアル・ハラスメント防止全国ネットワーク」代表の亀井明子は，教育実習中のセクハラという問題自体は以前から認識されてきたものの，実習先の学校も大学も，解決に向けて真剣に取り組んでこなかったと述べています（亀井 2013）。

　ハラスメントの被害者は，たいていの場合，その場では毅然とした態度をとることができません。驚いてどうしたらいいのかわからなくなることに加え，加害者が社会人としてのキャリアが長い大人で，しかも成績評価権を握っていると考え，怖気づいてしまうからです。さらに，考え過ぎだと言われることを恐れて，誰かに相談することもしない傾向にあります。とくにセクハラのように性的な事柄が絡むと，ますます人に話しづらいものです。勇気を出して相談したのに自意識過剰だと笑われたり，イヤだったらその場でイヤだと言えばよかった，そうしなかったのは本当はイヤじゃなかったからだなどと言われたりする二次被害も起こります。

　大切なことは，その場で声をあげることができなかったとしても，①ハラスメントにあったという記録を可能な限り具体的につけ，②大学の実習担当教員や事務職員に相談，報告することです。いまどきの大学はハラスメントに敏感ですので，きちんと実習校との調整を図ってくれるはずです。埒があかなければ，③大学や教育委員会のハラスメント対応部署に相談をすることもできます。個人で対応するのではなく，組織に対応を任せることがポイントです。間違っても，SNS上でハラスメントの加害者個人を攻撃したり，対応が不十分だった学校の悪口を書いたりしてはいけません。

　また，評価権をもつ指導教員と立場の弱い実習生という権力の非対称性のなかで起きやすいハラスメントですが，亀井の調査によれば，実習生が被害を受ける場合，加害者の67％は教職員ですが，25％が児童・生徒であることが報告されています（亀井 2013, p.7）。生徒にハラスメントの意図がなかったとしても，「先生，何歳？童貞？」「女のくせになんでスカートはかないの？」と

164　　　第9章　学校・生徒の実態と実習の課題

いった質問を受けることがあります。生徒が相手の場合、とっさに笑ってごまかしたりしがちですが、こういった質問がセクハラであると認識して、「どんなふうに対応したらよいですか？」と指導教員に相談するのがよいでしょう。

②加害者にならないために

大切なことは、ハラス

表9-1	わいせつ行為等に係る懲戒処分等の状況より被処分者の性別		
	男性	女性	合計
平成 27 年度	223	1	224
平成 26 年度	201	4	205
平成 25 年度	205	0	205
平成 24 年度	185	2	187
平成 23 年度	169	1	170
平成 22 年度	165	3	168
平成 21 年度	152	1	153
平成 20 年度	171	5	176
平成 19 年度	162	2	164

（出典）文部科学省「教育職員に係る懲戒処分等の状況について」（平成 19 年度～平成 22 年度），「公立学校教職員の人事行政の状況調査」（平成 23 年度～平成 27 年度）から作表。

メントについて正しい知識を得ることです。とりわけ、セクハラというと男性が女性に対して行うことであるとか、常に異性間で起こることであるといったイメージを抱きがちです。しかし、亀井らの研究グループが行った調査は、セクハラが異性間だけではなくて同性間でも起こること、女性もセクハラの加害者になることを明らかにしています。**表9-1** は、文科省のわいせつ行為等により懲戒処分を科された教員の性別を示しています。平成 25 年度を除くと、毎年女性の被処分者がいます。セクハラは男性だけでなく、女性も加害者になりうるのです。

また、**表9-2** をみると、セクハラにもさまざまなタイプがあることがわかります（すべてを網羅しているわけではありません）。ジェンダー型のように教員間で起こりがちなこともあれば、懲罰型のように教師と生徒との関係性のなかで起こりがちなこともあります。懲罰型やからかい型のように、男性同士、女性同士でも起こりそうなハラスメントもあります。**自分では親しみの表れのつもりでも、頻繁に身体に触られたり、あだ名で呼ばれたりすることを、生徒は不快に感じるかもしれません。自分が加害者にならないよう、発言や行動に充分に注意することが、実習生には求められています。**

近年、都道府県や教育委員会が不祥事防止に取り組むようになり、さまざま

4　被害者にも加害者にもならないために　　165

表9-2　セクシュアル・ハラスメントのタイプ

犯罪型	青少年保護条例や児童福祉法違反となる強姦，わいせつ行為等。条例違反になる行為も含まれる。
身体接触型	マッサージやテーピング，補助，指導と偽って行う行為。ときには犯罪行為になることも含まれる。
懲罰型	指示に従わないことに対する罰として性的なことを含む行為を行う場合。男子を裸にさせる，罰としてハグをするなど。
鑑賞型	主に女性を性的に見る対象として位置づける行為。ヌード写真をパソコンの壁紙として貼り付けたり，わいせつな動画を職場で見ていたりなど。
からかい型	容貌や容姿などでからかう，職員室で卑猥な話をする，実習生が板書した単語を性的な単語と連想してからかうなど。
プライバシー侵害型	内科健診や身体測定など，集団教育のなかで起こりやすい。持ち物チェックなどで生理用品をバッグから出される，恋人の有無を聞かれるなど。
ジェンダー型	掃除やお茶くみが女性の実習生に対してだけ割り振られる，男性の実習生に対してだけ力仕事が割り振られる，女性らしくスカートを穿けと強要される，など。

（出典）亀井（2013）の本文を整理し，一部改変して作成。

な啓発活動を行っています。たとえば，神奈川県では「STOP！ザ・スクール・セクハラ」というサイトを作成し，啓発資料を配布しています。そこに挙げられているセルフ・チェック・リスト（セクハラ・パワハラ両方を含みます）を**表9-3**に掲載するので，自分がハラスメントについてどんな認識を持っているのか，自分の実習先の環境はどうなのか，確認してみるといいでしょう。

★ワーク　上記の視点をもとに，Xさんの経験をとらえ直してみましょう。
　Xさん（女性）は中学校1年生の社会を受け持ちました。ある日，授業をしに教室に行くと，前の時間の体育が少し延びたのか，まだ着替えをしている最中でした。隣の教室は女子，Xさんが授業をする教室は男子の更衣室に割り振られています。教室には上半身裸や下着姿の生徒がいるようでしたが，すでに授業が始まっている時間なので，Xさんは「はい，さっさと着替えるー！」と元気よく声をかけながら教室に入りました。中学校1年生はまだ子供だし，男子だから問題はないと思っています。

表9-3　セクハラ・パワハラ　セルフ・チェック・リスト

裸や水着姿のポスター・写真などを職場に貼ったり置いたりする。	
容貌・体型・年齢等について話題にする。	
性的なからかいや冗談を言ったり，性的な噂を流したりする。	
男女交際の程度や性的な経験などについて尋ねる。	
性的な内容の手紙やメールを送ったり電話をかけたりする。	
しつこく食事やデートに誘うなど交際を迫ったり，あとをつけるなどつきまとったりする。	
カラオケでのデュエットや酒席でのお酌などを強要する。	
マッサージなどと称して必要もないのに身体に触る。	
軽い気持ちで肩や髪，背中などに触ったり，必要以上に接近し身体を密着させたりする。	
性的な関係を迫る。	
女性（男性）だからということで特定の仕事を依頼する。	
「男のくせに根性がない」とか「女には任せられない」などと言う。	
「うちの女の子（男の子）に届けさせます」などと人格を認めないような呼び方をする。	
「女こども」「女々しい」などという差別的な言い方をする。	
「まだ結婚しないの？」「彼（彼女）はいないの？」などと執拗に聞く。	
他の同僚や生徒等にも聞こえるように一方的に罵倒するなど言葉で威圧する。	
「馬鹿につける薬はない」などと生徒や同僚等の人格を否定するような発言をする。	
「どうなってもいいんだな」などと成績や処遇をちらつかせて従わせる。	
必要な知識や情報を故意に知らせず，その知識や情報を持たない相手を自分に服従させる。	
気に入らない人に対して，あいさつされても無視したり仲間はずれにしたりする。	

（出典）神奈川県教育委員会セクハラ・パワハラ防止啓発資料。

5　本章のまとめ

　本章では，教師という仕事，学校という場に関する理論的な視点を紹介しながら，さまざまな疑問を扱ってきました。教師の仕事は多層的で予測不可能です。どんなに準備を入念に重ねても，生徒の側がその思いを受けとめてくれるとは限りません。それを乗り越えようとする工夫のなかに，教師のスキルと能

力を発揮する喜びと成長の可能性があるのです。

　本書を読んで，工夫をこらした立派な指導案を作りあげたとしても，実際の学校や生徒の実態に見合っていなければ，よい指導案だとはいえません。理想形の授業像を抱くことは必要です。なぜなら，現実と引き比べて，どこがどう違うのか，どうずれているのかをチェックして，理想形の授業に向けてどう努力するのかを考える羅針盤となるからです。しかし，それに固執するのではなく，状況に見合ったバージョンを用意して，柔軟に授業をつくりあげていく経験が教師としての力量を形成していくのです。

　また，こんにちの学校は，青少年が安心して過ごす居場所としても大切な役割を果たしています。教師の何気ない一言が，意図せざる残念な結果をうむことがあります。さまざまな重要な社会的役割を果たす学校という現場に，たとえ実習期間という短い期間であれ教師として関わるのですから，充分な準備と覚悟が必要です。実習を通して，児童・生徒の実態の観察だけでなく，教師としての職業生活の理想と現実に真剣に向き合ってください。

　最後に，次のような実習経験者のぼやきを，みなさんはどのようにとらえるでしょうか。本章での学習の成果として，一つひとつに向き合ってみてください。

□実習期間中に第一希望の会社の面接の予定がはいってしまった。指導教員に事前に伝えて実習を欠席したのに，後日，校長から嫌味を言われた。

□職員室に置いておいた荷物から財布がなくなった。校長に相談したが，充分に対応してもらえなかった。

□仲良くなった部活動の生徒から，今度の日曜に一緒に道具を買いに行ってほしいと言われたので，「デートみたいだな」と答えた。

□実習校が最寄り駅から徒歩20分と遠いので，自宅から車で通いたいと相談したが認められなかった。毎日往復で40分も歩くことを強制されるのはハラスメントではないか。

□生徒たちの前で，指導教員から，全然授業準備ができていない，教師になる力がないと叱責された。力不足を痛感して泣いてしまった。

□保健体育の実習中，突然，予定になかった保健の「思春期の体の変化」の単元に

ついて授業するように言われた。生徒がからかってきて不快だった。

□朝，職員会議で伝達事項を伝えられるのだが，口頭で早口なのでほとんどメモを
　とることができなかった。自分たちのことを考えて，資料として配布してほしい。

□指導教員じゃない教員から，ああしたほうがいい，こうしたほうがいいと助言を
　受けたが，指導教員と言っていることが逆で，混乱した。

□母校に実習に行って当時の自分の担任に会えて嬉しかったので，毎日放課後に長
　時間雑談をしていたら，指導教員から叱られた。

□自分と同じアイドルのファンの生徒がいて，お小遣いが制限されていて，あまり
　グッズを持っていないと言うので，自分が集めているグッズを少し分けてあげた。

文　献

秋田喜代美，2012，『学びの心理学——授業をデザインする』左右社。

広田照幸，2009，『ヒューマニティーズ 教育学』岩波書店。

亀井明子，2013，「キャンパス・セクハラを大学で教える」『女性学評論』第27号，pp.1-19。

神奈川県，2016，「STOP！ザ・スクール・セクハラ」http://www.pref.kanagawa.jp/cnt/f7295/p26851.html（2017.04.03 最終閲覧）。

大多和直樹，2014，『高校生文化の社会学』有信堂高文社。

志水宏吉，2014，『「つながり格差」が学力格差を生む』亜紀書房。

吉田美穂，2007，「お世話モード」と「ぶつからない」統制システム」『教育社会学研究』第81集，pp.89-109。

吉永紀子，2017，「授業研究と教師としての発達」田中耕治編『戦後日本教育方法論史（上）——カリキュラムと授業をめぐる理論的系譜』ミネルヴァ書房，pp.247-266。

油布佐和子，1995，「教師の「多忙化」の諸相とその基盤」『東京大学教育学研究科紀要』第35巻，pp.49-60。

あとがき

　本書は，教員養成大学・学部ではない一般大学・学部で，教員免許を取得しようと，教育実習に向かう大学生たちにとって必要な心構え，学習指導案の作成方法，そして授業力など教職の専門性を高める方法を考えてきました。「まえがき」で述べたように，教職に就くための2つの道のり（教員養成大学に在籍するか開放制を利用するか）の違いは，それぞれに，良さと難しさとをはらんでいます。本書では，その難しさを乗り越えながら，良さを生かしていく方法を検討してきました。

　本書では，実習にあたっての心構えを，「常識」という観点から述べてきました。これは，実習校から寄せられる次のような要望ゆえです。「常識は，実習では教えられません」。つまり，常識を身につけていない学生はよこさないでほしい。そんなことまで指導しているほど実習校はヒマではない！

　実はこうした問題は，一般大学・学部でだけでなく，教員養成大学・学部でも生じています。本書に掲載した「NG例」の中には，教員養成大学・学部の教職員のみなさまから寄せていただいたケースも含んでいます。しかし考えてみれば，かつて大学生は，「モラトリアム」が許されていました。大人になれないことを，許容されていました。教育実習において，「大人の常識」と「ワカモノの常識」が軋轢を生むのは，はるか昔から，頻繁に起きる当然の出来事だったはずです。

　社会全体に余裕がなくなる中で，こうした軋轢を，やり過ごすことができなくなっている。こうした事情に鑑みて，まだまだ時間に余裕があり柔軟さに満ちたワカモノたちに，「大人の側の常識」に合わせてもらいたいと思います。「大人の常識」は，形式的でバカバカしいように見えて，実は合理的に成立し

ている，ということは，社会に出ればいずれ気づかないわけにはいかないことですから。

また本書では，その大部分を，指導案の作成について述べています。というのも，指導案をきちんと作るということは，一般大学・学部であっても，きちんと学べば十分にできることだからです。と同時に，実習校から届く，大学への問題提起でもあるからです。「指導案ぐらいは書けるようにしてから，実習生をよこしてください」。教員として，指導力の不足を，実習校の先生方に，そして授業を受けている大学生たちに申し訳なく思うと同時に，これからは，より良い指導案を作る喜びを，本書をつうじてわかちあっていければと思います。

特に本書では，学生たちの実力に合わせて，3段階のレベル設定をいたるところでしてきました。これは，一般大学・学部特有の事情によります。「まえがき」にも述べたように，教員養成大学・学部の学生の多くは，3年生になるころにはすでに，指導案を何度も作り，模擬授業の経験も重ねています。ですから，レベル1の指導案はさらさらと作れ，レベル2の指導案を目指しているのが当然，とされています。

他方，一般大学・学部では，3年生の後期開始時までに，一度しか指導案を作ったことがないとか，指導案を誰かに添削してもらったことがない，といった残念な事態も，一部では見られます。大学によっては，何百人という教職課程履修生を数人の教員が指導していますから，これは制度上の問題でもあります。その結果，3年生後期の時点で，指導案のどの項目に何を書くのかから説明しなくてはなりません。つまり，レベル1の指導案さえ，まだ書けない学生がいるのです。

と同時に，自分の大学での専攻学問を活かし，高い意欲と教材への深い理解をもって，なんとかレベル2を，いやさらにはレベル3の指導案を書きたい，ともがいている学生がいるのも，事実です。こうした多様な学生たちの指導のためには，学生個々の現状の把握と，これからどこまで到達できるかという目標設定が不可欠です。そのために，レベルを明確に分けることにしました。自分のレベルに合わせて読んでいただければ，と思います。

とりわけ本書では，教科に関して専門的な研究をしている学生だからこそ目

指してほしい，レベル3の授業について述べています。レベル3は，高い教材研究力と生徒理解力がなければ到達できないものです。教員養成大学・学部の学生たちもまた，この高みを目指しています。ただし，そこに到達しようとする道筋は，おそらく養成課程の違いによって異なってくるでしょう。一般大学・学部で学ぶみなさんには，自分の学部で学んだ専門性をいかんなく発揮する道筋を，楽しんでもらいたいと思います。

　ただし，注意も必要です。レベル3という高みは，大学生が小手先で習得できるようなものではありません。また，レベル1，2をすっ飛ばしてできることでもありません。実際，レベル1を充分に練習しないままレベル3だけを目指して，実習先で，「教科書の内容一つ教えられないのか」と厳しく指導された実習生もいます。何事も，自分の実力をしっかり見据え，ホップ→ステップ→ジャンプが必要なのです。

　レベルのかなり異なる学生が一堂に会して教職を学ぶこと。これは，教員としては正直なところ，指導しにくいものです。ですが同時に，実はこのような多様性もまた，一般大学・学部で学ぶ学生たちの強みでもあります。そう思うのは，教員養成学部（いわゆる国立大学教育学部）と，一般大学での教員養成課程と，その両方で教員を務めた筆者自身の経験によります。両方の場を経験したうえで筆者が感じるのは，一般大学・学部にいるなかで学生たちが出会う多様性は，単なるレベルの違いだけではなく，さまざまな価値観もである，ということの強みです。

　たとえば，「イジメがあったとかセンセイとどうしても合わないとか，そういう理由があるなら仕方がないけれど，特に理由もなく面倒だから学校に行かないという『不登校』は良くない」。こういう意見に対して，教育学部の教員養成課程の学生たちは，約8割が賛同するのに対し，教員養成とは関係ない，一般の教育学の授業では，賛同するのは半分にも満ちません。

　「学校とはよほどの事情がないかぎり当然行くことが望ましい」。教員養成学部の学生たちの多くがこうした価値観を共有しているのに対し，一般の学生たちは，「まあ行った方がいいと思うけど，行かなくて損するのは本人なんだから自己責任じゃない？」「義務教育って，親の義務でしょ。子供にとっては，権利なんだから，履行するもしないも，本人の自由」といった意見ももってい

ます。

　どちらの意見が良いというわけではありません。ただ，教員養成大学・学部の学生たちは，同じように教職を目指し同じように教科指導技術も生徒理解力も高めようとする集団の「同質性」（その多くは，共に励まし合って切磋琢磨することのできるすばらしさであるけれども）ゆえに，「価値観の偏り」，そして「偏っているということに気づきにくい環境」にも陥りやすいものです。他方一般大学・学部では，教職課程を履修する学生自身の価値観も多様であったり，学生生活で出会いぶつかる他の友人たちの価値観も多様です。この多様さにぶつかったタフさ。これこそが，一般大学・学部で学ぶ学生たちの強みになりうるものです。

　ですから，一般大学・学部で学ぶみなさん，多様性に満ちたこの環境で，人とぶつかり，自分とぶつかってください。たくさんの人たちとのぶつかり合い，そしてその中での挫折を通して「強みになりうる」多様性を，「強み」そのものに変えてください。たくさんの準備をする中で自分の能力の不足を知り，その不安を大切にして実習に臨んでください。自分とは違う意見をもつ人と接することは，怖いことです。自分のレベルを知ることは，おそろしいことです。けれどもこうした不安は，そのようにして自分とたたかい，教材と格闘してきた果てだからこそようやく手に入れられる，みなさん一人ひとりの努力と誠実さの証なのです。

　本書の執筆にあたっては，教員養成にまつわるさまざまなエピソードを，たくさんの大学の教職員のみなさまからお寄せいただきました。「恥ずかしいので大学名は出さないでください」ということですので，ここでは大学名，および個人名は伏せさせていただきますが，心よりお礼申し上げます。また，教育実習生の一日，および教員の一日については，神奈川県の中学校で教鞭をとられている柳沢優太先生に監修をしていただきました。お忙しい中のご指導，ありがとうございました。

　教師になること。教師であり続けること。教師としてのキャリアデザインは，他のあらゆる人生と同じように，奥深く，不安と喜びに満ち溢れた多様な可能

性をもっています。その可能性のより良い実現に向けて，できる限りの準備を
して教育実習に臨む。ベストをつくし，自分（その限界，その可能性）を知る。
読者のみなさんと共に，その小さな一歩を，本書で歩めれば，幸いです。

2017 年 7 月

編者を代表して

遠藤 野ゆり

索　引

●あ　行

ICT 機器　119, 127-130
アクティブ　122, 132, 138, 139, 146
アクティブ・ラーニング　79, 109, 115, 117,
　130, 137-144, 146-149, 158
意外性／驚き　108, 111
一問一答式　132
一般大学・学部　→開放制　133
居場所としての学校　159, 161, 168
インストラクショニズム（指導主義）　157,
　158
上から目線　27, 157, 158

●か　行

開放制　5, 11, 133
学習指導要領　62
学生気分　26-28, 48
学校インターンシップ　8, 9, 19
学校経営　48, 53, 54, 161
記　憶　40, 41, 83, 89, 94, 127, 131, 149
机間指導／机間巡視　46, 64, 127, 146
教育実習公害論　10, 11, 15, 162
教育実習成績報告書　43, 59, 53
教育実習の評価規準　12, 50, 51, 94
教育実習の評価項目　43, 49, 51-54, 161
教育職員免許法　3
教員採用試験　10, 11, 17, 18, 31
教員免許（教育職員免許）　4, 5, 10, 11, 16, 35-
　37, 133
教科教育法　11-14
教科指導　1, 2, 4, 6-9, 14, 23, 26, 38, 42-44, 53-
　57, 61, 152, 174
　──の技術　43, 44, 53-57
教科知　56, 57
教材研究　6, 8, 25, 43-45, 53, 54, 56, 57, 93, 105,
　107, 113, 126, 133
教師の多忙　22, 152
教師の同僚性　42
教職専門性　38, 43, 48, 52, 55, 59, 117
協働的な学び　138, 158

教　養　49, 51, 56, 57, 76, 77, 89, 91, 138, 140,
　162, 163
具体化　→現実化　2, 120-123, 135
グループワーク　64, 114, 122, 138, 139, 145-
　147, 149
研究授業　50, 163
謙　虚　27, 37, 124, 133
現実化　→具体化　119, 120, 123, 134, 136
公務員の服務義務　161
コミュニケーション　16, 40, 51, 162

●さ　行

最近接領域　142
ジグゾー法　109, 143, 148
思考（が動く）　60, 131, 132, 138, 139, 148
視線の向け方　127
実習中止　30-32
実習日誌（教育実習日誌）　22, 23, 26, 43-45,
　50, 56, 62, 113, 153, 163
実践的指導力　8
指導案（学習指導案）　1, 9, 45, 47, 50, 51, 56,
　59, 61, 65-69, 72, 73, 76, 79, 80, 82, 83, 89, 91,
　93, 94, 105, 108, 112, 115, 149, 157
　──の細案／精案　64
　──のセリフバージョン　61, 65, 66, 89, 93,
　95, 121, 135, 136
　──の略案　64
就職活動　18, 19, 30, 33, 37
授業記録　47
授業参観／観察実習　44, 45, 47, 67
授業（全体）の構造　121, 122
授業の振り返り　119, 127, 129, 133, 136, 137
授業の盛り上がり　121
　──場面　122
授業分析　119, 128
授業力（授業能力）　1, 2, 48, 55, 64, 117, 119,
　148
主体的な学び　51, 72-74, 138, 140-142, 146
情報処理　40
触　発　134, 135
Think-Pair-Share 法　141, 142
診断－治療モデル／故障－修理モデル　153
スクールセクハラ（スクール・セクシュアル・

ハラスメント）　164-167
生徒指導　14, 26, 46, 48, 51, 53, 54, 152, 160, 161
生徒理解　9, 48, 51
専門事典　104, 105
相当免状主義　4, 6

●た　行

退勤時刻　21-24
対　話　59, 60, 83, 86, 87, 89, 94, 122, 128, 132, 133, 139
単元計画　61-63, 65, 66, 93
中央教育審議会（中教審）　4, 5, 138, 139
ディスカッション　138, 139
ディベート　143
テーマ　47, 84, 89, 94-97, 99, 100, 104, 113, 114, 122, 143, 145, 149, 163
展　開　→毎時の授業展開　53, 59, 61, 63-69, 74, 75, 83, 84, 88, 89, 95, 97, 102, 114, 120, 121, 147, 157
当事者意識　36
導　入　→毎時の授業展開　7-9, 64, 65, 67, 73, 81, 83, 87, 88, 95, 120, 121, 153, 155, 158
届く声（声が届く／声の届かなさ）　42, 72, 120, 125, 127, 135

●な　行

内発的動機付け　157
謎解き物語　112, 113
認知タイプ　37, 38, 41

●は　行

発　問　64, 74, 75, 81, 82, 104, 109, 110, 113-

115, 117, 121-124, 126, 128, 131, 134, 149
ピアインストラクション法　143
評　価　2, 12, 18, 31, 42, 43, 49-56, 61, 62, 64, 76, 84, 94, 105, 140, 142, 146, 147, 155, 161, 164
　観点別——　62, 140
　授業——　64
　診断的——　61, 142, 147
　生徒——　64
　——規準　12, 50, 51, 94
　——項目　43, 49, 51-54, 161
フォトランゲージ　143
ブレーンストーミング　143
ほがらか　28, 29, 42
母校実習　15, 17
補助線　74, 94, 111, 130, 131, 145, 146, 148, 149
　理解の——　74, 94, 111, 130, 131

●ま　行

毎時の授業展開　61, 64, 65, 67, 95
まとめ　→毎時の授業展開　64, 65, 68, 73, 82, 98, 100, 101, 104, 121
模擬授業　9, 62, 68, 72, 80, 81, 87, 115, 117, 119, 124, 125, 127, 131-135, 154, 160

●ら　行

ラウンドロビン法　141-143
理解の順次性　111
リハーサル　40, 45, 47, 72, 76, 80, 115, 117, 119-124, 127, 128, 132-135, 149
　人前——　122-124, 127, 133
　一人——　120, 121, 123, 126, 134
ロールプレイ　103, 138, 141, 143, 144

編者紹介

筒井 美紀（つつい みき）
　法政大学キャリアデザイン学部教授
遠藤 野ゆり（えんどう のゆり）
　法政大学キャリアデザイン学部准教授

ベストをつくす教育実習
――強みを活かし実力を伸ばす
DO YOUR BEST!: Introduction to Practice Teaching

2017年9月20日 初版第1刷発行

編　者	筒 井 美 紀
	遠 藤 野ゆり
発行者	江 草 貞 治
発行所	株式会社 有 斐 閣

郵便番号 101-0051
東京都千代田区神田神保町 2-17
電話 （03）3264-1315〔編集〕
　　 （03）3265-6811〔営業〕
http://www.yuhikaku.co.jp/

印刷・萩原印刷株式会社／製本・牧製本印刷株式会社
©2017, Miki Tsutsui, Noyuri Endo. Printed in Japan
落丁・乱丁本はお取替えいたします。
★定価はカバーに表示してあります。
ISBN 978-4-641-17432-0

[JCOPY] 本書の無断複写（コピー）は，著作権法上での例外を除き，禁じられています。複写される場合は，そのつど事前に，(社)出版者著作権管理機構（電話03-3513-6969，FAX03-3513-6979，e-mail:info@jcopy.or.jp）の許諾を得てください。